存量时代
中国信用卡经营手册

包小林◎著

中国铁道出版社有限公司
CHINA RAILWAY PUBLISHING HOUSE CO., LTD.

图书在版编目（CIP）数据

存量时代：中国信用卡经营手册 / 包小林著 . —北京：
中国铁道出版社有限公司 , 2024.1（2024.8 重印）
ISBN 978-7-113-30522-2

Ⅰ. ①存… Ⅱ. ①包… Ⅲ. ①信用卡业务–中国–手册
Ⅳ. ① F832.24–62

中国国家版本馆 CIP 数据核字（2023）第 162540 号

书　　名：**存量时代——中国信用卡经营手册**
　　　　　CUNLIANG SHIDAI：ZHONGGUO XINYONGKA JINGYING SHOUCE
作　　者：包小林

责任编辑：吕　艾　　　　编辑部电话：（010）51873035　　　电子邮箱：181729035@qq.com
封面设计：宿　萌
责任校对：刘　畅
责任印制：赵星辰

出版发行：中国铁道出版社有限公司（100054，北京市西城区右安门西街 8 号）
网　　址：http://www.tdpress.com
印　　刷：河北宝昌佳彩印刷有限公司
版　　次：2024 年 1 月第 1 版　　2024 年 8 月第 5 次印刷
开　　本：710 mm×1 000 mm 1/16　印张：10.5　字数：162 千
书　　号：ISBN 978-7-113-30522-2
定　　价：65.00 元

我写得不好。

这个行业有太多的牛人，他们更有资格来写这本书。但是，我去当当网搜了一下，关于信用卡，绝大部分内容都是教人如何"薅羊毛"的玩法，居然没有人写过一本信用卡行业经营逻辑的书。

斗胆，我来做个"炮灰"。

写一本书有太多的顾虑，怕班门弄斧，怕被人笑话，怕得罪人……但我还是决定做这件事情。

用实际行动完成一件小事，比高谈阔论更实在。

信用卡已是红海行业，我也一直怀疑为什么还要继续做这个行业。

后来，我想通了。

在成熟系统里奋斗，不断地在细微处寻找破局，向死而生，这或许是工作的意义。

本书，纯属一个交流的载体。不为写而写，也尽量不人云亦云。

我将4年的财务审计工作经验，迁移到信用卡上，参照杜邦分析体系，第一次提出信用卡行业的底层分析体系和方法，厘清这个行业从财务到业务的本质和系统逻辑。这套体系，也是我一直以来的工作指南。

8年信用卡总部中后台的经历，让我对信用卡职能型矩阵式管理、集中化作业有一个全面认知，避免总部与机构的脱节和相互对立。

　　5 年一线机构带队伍打市场的真实体验感受，也纠正了我很多纸上谈兵、异想天开的想法。要上升到策略，也要下沉到队伍。不做"理论大师，实践废材"。

包小林

2023 年 11 月

你一辈子可能不从事信用卡行业的工作，但你可能至少会拥有一张信用卡。

● 如果你是信用卡消费者

你有没有想过，你可能根本不是银行最青睐的信用卡客户。虽然你资质很好，但每个月都按时全额还款，银行从你身上赚不到钱，反而还为你承担了30~50天的资金成本。

那信用卡到底是从谁身上赚钱的呢？第一章将为你揭晓答案。信用卡，其实就是一门让一部分人免费使用资金，而从另一部分人身上赚钱的生意，有点儿类似于互联网的经营逻辑。

通过第一章，你还能了解信用卡生命周期的每个环节，有哪些成本，有哪些收益，做到明明白白消费，超过绝大部分人对这个行业的认知。

● 如果你是互联网从业者

你有没有发现，信用卡行业"烧钱→获客→促活→亏损→盈亏平衡→盈利"的模式，像极了互联网。

这也是银行业精英时常辩论的话题：传统银行到底要不要学习互联网的"烧钱"模式？

本书第一章最后一节，正面讨论了这个问题，对金融行业和互联网行业的本质进行了阐述。

是否具有网络效应，是两种业态最本质的区别，也直接决定了传统银行是否需要学习互联网的"烧钱"模式。

● 如果你是信用卡行业从业者

你是否想过，自己可能从来都不曾了解信用卡行业的底层逻辑。

技术的进步，虽然极大地提升了行业效率，但信用卡行业还没有摆脱劳动密集型的特点。每一位从业者，都在极其细分垂直的岗位工作，没有太多机会看到这个行业的全貌。

本书将拆解信用卡行业经营的底层逻辑。

➤ 假如你是信用卡总部或分支机构的管理层、核心成员

你是否真的知道，在杜邦分析视角下，行业的关键收益，由分期业务、循环业务、刷卡手续费驱动；而主要成本，则由资金成本、风险成本、运营成本决定。

收益率和成本率的轧差，决定了一家机构的盈利能力。

你又是否真的知道，信贷供给过剩，贷款利率走低，市场竞争加剧，存款成本上升，使得利差空间收窄，行业进入微利时代。如果叠加风险成本，则随时有亏损的可能。

每天疲于奔命，被各种 KPI 和项目压得喘不过气时，你是盲目执行，还是清晰地知道，自己的努力可指向经营的终极目标?

在杜邦分析体系下拆解信用卡行业逻辑，你可以从财务走向业务，看透信用卡经营的四个方面：拉新、促活、风控、盈利，并层层分解，找到业绩增长的关键驱动因素，从而面向业绩，避免"纸上谈兵"。

作为管理者，除了埋头拉车，还要抬头看路。

2020 年以来，信用卡行业出现了周期性拐点，进入存量博弈时代。中国信用卡已累计发行 7.5 亿张活卡，人均持卡量 0.53 张；如果按 4 亿城市人计算，人均持卡量高达 1.88 张。这时的增长，需要从别家银行的池子里抢客户，竞争会更激烈。

这两年，各家银行明确感受到，获客更难了，经营也不能再粗放了。正如阿里巴巴曾鸣说："容易赚的钱肯定是没了，往后大家都得做更辛苦的事。"

只有我们有了这个认知，经营策略才会有所调整，才不至于在周期拐点无所适从。

➢ 假如你主要从事信用卡销售工作

当你知道这个行业进入存量时代、微利时代，你就不会随便伸手要资源。

你更应该研究，当传统的陌生拜访模式不灵时，获客增长的引擎在哪里？

原有的粗放型获客，到了必须"精耕细作"的时候。

从 2019 年开始，各家银行信用卡队伍纷纷进驻商场、超市、餐饮、加油站等场景，收集流量，获取客户。同时，银行网点虽然客流量减少，也是各家银行拉新的重要阵地。所有线下有流量的场景，都有各家银行信用卡的影子。

作为线下流量的"处女地"，很多银行都在讨论和尝试开辟"下沉市场"。

但是，信用卡不同于一般商品买卖，其对资质和还款能力有一定的要求。这个行业，在 64% 的城镇之外，到底有没有下沉市场，本书第二章尝试给出答案。

除了线下获客，各家银行近十年从未停止线上获客。

从单纯购买流量的 CPS 模式，到合作发行联名卡模式，再到合作经营分润模式，银行也在努力地探索前行。

已到移动互联网红利的尾声，线上获客何去何从，本书将在分析各家银行获客实践的基础上，给出一种解读视角。比如，上海银行、青岛银行与美团合作发行联名卡模式，优势明显，但"后遗症"也很显著。

同时，你可能关注到，"金融脱媒""支付脱媒""两条两呗"（京东白条＋京东金条＋花呗＋借呗）对消费金融行业的正面冲击。但是，随着国家反垄断，以及对互联网金融的规范管理，也为行业赢得了发展窗口期。

作为信用卡销售从业者，你还需要知道，中国的消费升级是显而易见的。除寻找渠道、流量之外，还要有一项基本功，那就是将"行为经济学"作为队伍获客的利器，充分利用"人心红利""心理账户""锚定效应""损失规避"等行为心理偏见，让销售更容易。

➢ 假如你负责信用卡市场经营

你一定深刻感受到，随着存量市场的形成，近两年客户活跃率在下降。客户转移成本低，说走就走。那些原来分期的客户，不是跑到"两条两呗"去借钱，就是干脆不透支。

怎么办？

"烧钱"模式行不通，银行投入的资源也有限。如何利用有限资源，促进客户用卡，我们需要灵魂三问：投什么？投哪里？投给谁？

投什么？

得移动支付者得天下，十年移动互联网的发展，培育了消费者移动支付习惯。信用卡移动支付，占据了全量支付的 70%。显然，移动支付入口是各家银行必争之地。所以，无论是四大行、股份行、城商行，纷纷卷入了这场争夺，花血本，抢入口，为的就是自己能有被消费者"翻牌"的机会。

投哪里？

资源的投向，是个技术活儿。消费者在哪里，优惠活动就要去哪里，如果可能，需要建立生态。比如，与出行大平台合作，开展公交地铁绿色出行优惠活动，构建公共出行高频生态，促进消费者用卡活跃。

投给谁？

把每一分钱花在刀刃上。公司给你资源，需要有对应的回报。比如投入一元钱，是需要你能拉动消费，形成增量。信用卡客户，有资金需求型、消费需求型、摇摆型，有"羊毛党"，还有"睡眠"沉寂客户，我们需要有所甄别，精准投放。比如，对于资金需求型客户，你不给他优惠返利，他也会使用信用卡，这种情况就没必要平均用力。应该把钱投给那些摇摆型客户，或者浅睡眠型客户。

➤ 假如你从事信用卡风险管理工作

客群决定一家零售银行的资产质量。除了事后风险管控举措，更应注重事前客群选择。

销售即风控，将客群指引前置到销售一线，并通过"客群结构""新户逾期率"等指标，监控销售动作，及时纠偏。

当然，"黑天鹅事件"发生时，及时的应急举措很有必要。对风险客户降额、关停信用卡使用权限、加强催收，是各家银行的常规策略。

➤ 如果你直接负责信用卡盈利

你需要知道，在信用卡一部分免息、一部分生息的大逻辑下，提升生息资产占比，是提升盈利能力的核心。通过 App、短信、电销、客服、销售队伍，促使推动客户账单分期、单笔分期、备用金使用，是提升生息资产比例的关键方法。

中国信用卡进入存量时代是不争的事实。如何在存量时代做得比别人好，则是各家银行信用卡中心，也是中国信用卡行业，不得不面对的课题。

面对复杂多变的局面，我们没有现成的案例可以直接借鉴，但仍然可通过美国运通的业务模式，跨界学习华为的数字化转型等获得启示，从容地面对不确定性的下半场。

悲观者正确，乐观者前行！

第一章

信用卡的底层商业模式

　　与流量巨头的合作，是近两年信用卡获客的小趋势，尤其是区域性商业银行。有媒体大肆吹捧这种模式的颠覆性，唱衰传统银行信用卡这头"大笨象"。一时间，整个信用卡行业躁动不安，股份行感到了威胁，城商行憧憬着美好未来。

　　如果你也这么想，我劝你先冷静下来。下面我先来带你拆解美团信用卡的商业模式。

● 流量巨头美团发卡超千万，是行业未来，还是昙花一现

2021 年 6 月，我面试过一位上海银行深圳某支行的候选人，她打算离职，其中一个原因，是因为银行网点客流量太小，零售业务难做。

她所在的支行，客流主要是来自网点激活美团信用卡的客户。你没有听错，线下客流主要来源于线上申请美团信用卡的客户。

与流量巨头的合作，是近两年信用卡获客的小趋势，尤其是区域性商业银行。

从 2018 年开始，美团破圈，开始进入银行信用卡领域，与城商行合作发行美团联名信用卡（见图 1-1）。根据美团数据披露，截至 2020 年 10 月，短短两年，美团信用卡发行量突破 1 000 万张，发行量靠前的银行包括上海银行、青岛银行、杭州银行等，共计 12 家城商行"上车"，它们希望通过这台"超级发卡机"的加持，弯道超车，实现跃迁。

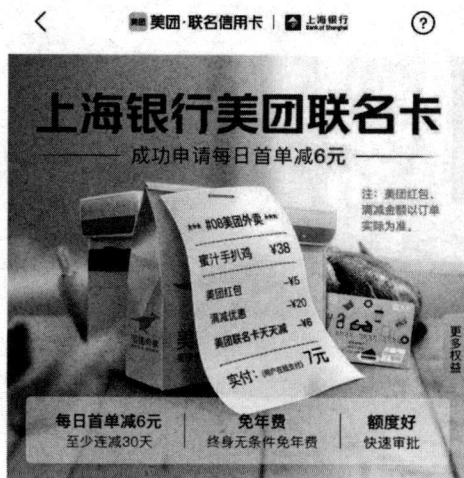

图 1-1　上海银行美团联名信用卡页面

有人焦虑，也有人兴奋。

以上海银行、青岛银行为例，与美团合作发行联名信用卡，持卡客户可享外卖天天减 6 元，连续 60 天有效（青岛银行 90 天）。同时，持卡消费笔笔抽红包，还可赚零花钱。

如果一个客户，连续 90 天每天享受减 6 元，不算消费抽红包及零花钱，这540 元钱谁出？

羊毛出在羊身上，显然，这钱肯定是银行来掏。

不仅如此，每发行一张联名卡，银行还要额外支付美团 100 元的发卡通道费。你看，银行通过互联网平台获客，成本真不低。

美团呢？在合作中图什么，银行给的这 100 元吗？

绝不是。美团并未将这 100 元装进自己的口袋，而是转手回馈客户。客户消费抽的红包及赚的零花钱，就从这 100 元中出。

美团不要这 100 元发卡费用，那它要什么呢？它要的，是从你的营业收入中分走一杯羹。

据了解，美团与某城商行的合作，以贷款规模为基础，从低到高按照一定比例分取银行的营业收入。当城商行信用卡贷款余额达到 30 亿元，美团每年从其营业收入中拿走 3%；贷款规模达到 50 亿元，拿走 5%；80 亿元拿走 8%；120亿元以上，分走 12%。

特别留意，这不是分利润，而是分营业收入。

有什么区别呢？

你可简单理解为，无论银行的生意是赚还是赔，美团都要从银行的营收中拿走 3~12 个点，旱涝保收。

美团拿走 3~5 个点后，银行信用卡还赚钱吗？

如果你了解当下信用卡行业的净资产收益率，答案是显而易见的。信用卡行业的平均净资产收益率，只有 3% 左右，拿走 3 个点，银行就没有利润了。

痛不痛？

在这场合作中，美团和城商行期待一场双赢合作。银行借助互联网的翅膀，获取信用卡客户，助力零售转型，最终实现盈利；美团通过自己强大的平台能力，为银行引流，帮助银行快速积累零售客户，并从营业收入中拿走属于自己的利润。

之所以这种模式饱受争议，原因就在于，双方这样的愿望，有双双落空的可能。

我们发现，从美团这个平台获取的信用卡客户，比传统银行其他渠道获取的客户，无论在用卡表现，还是盈利能力，都只能说是差强人意，但不具有盈利能力。

从客群分布看，美团信用卡客户，80% 是 35 岁以下的年轻客群，60% 来自三、四线城市，如图 1-2 所示。

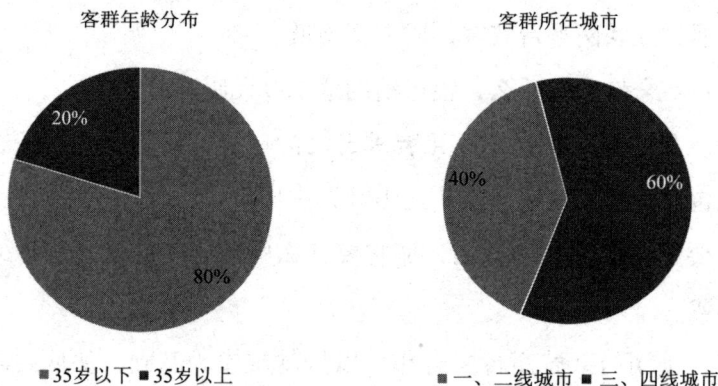

客群年龄分布　　　　　　　　　　　　客群所在城市

图 1-2　美团联名信用卡客群分布

这些客户激活率仅有 40%~50%，折损 1/2。激活后真正活跃（实动）的用卡客户，只有 40%，如图 1-3 所示。

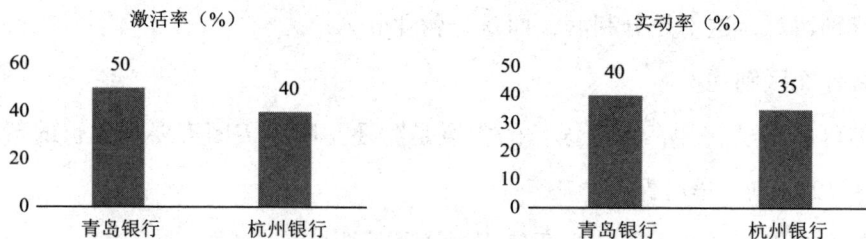

激活率（%）　　　　　　　　　　　　实动率（%）

图 1-3　美团联名信用卡激活率和实动率

更为令人堪忧的是，这些年轻人每月消费金额在 4 000 元左右，远低于行业平均 9 000 元的水平。因此，消费沉淀下来的贷款余额也只有 5 000 元 / 户，是行业平均水平 10 000 元的 1/2。美团客户贷款中，生息资产（分期和循环余额）占比 50%，和行业水平差不多，如图 1-4 所示。

消费户均（元）

户均贷款（元）

生息资产占比（%）

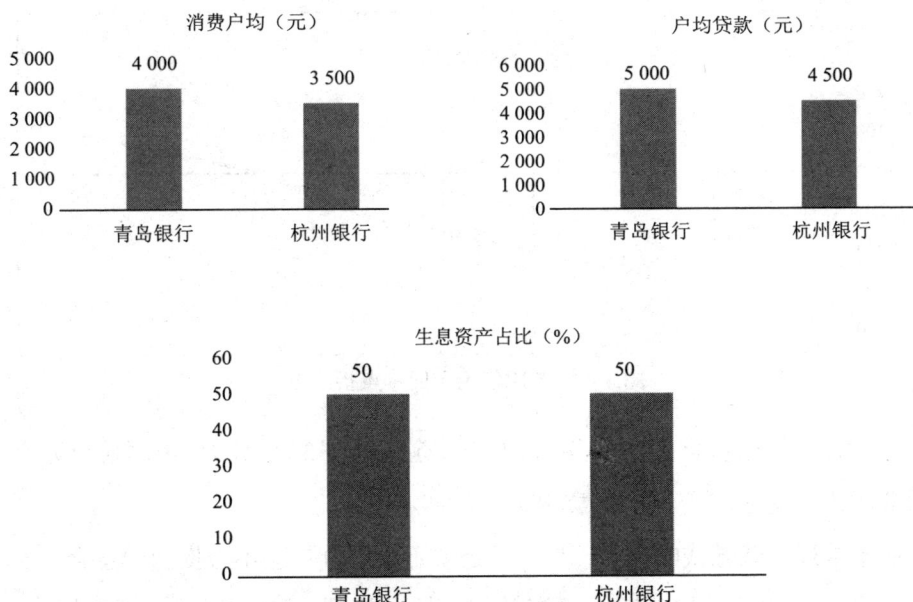

图1-4 美团联名信用卡经营数据

远低于行业平均水平的数据表现，到底意味着什么？

以青岛银行为例，可以简单算个账。

给到单个客户的福利 = 每天 6 元 × 90 天 = 540 元。

10 个核卡客户，有 40% 的客户会正常用卡（实际更低）；正常用卡的客户，假设有 70% 会用完这个福利。

那么，每个新客户的权益成本 = 美食天天减 6 元权益 × 客户活跃率 × 权益使用率 = 540 × 40% × 70% = 151.2（元），这里 1.2 元忽略不计，取整数 150 元，加上城商行给到美团每个客户 100 元的通道费用，银行单个客户的获客成本为 250 元。

单户利润能有多少呢？

笔者做了一个简要估算，在贷款余额 80 亿元的前提下，美团信用卡单户利润约为 4.4 元 / 月。为简便计算，假设贷款余额从 0~80 亿元的整个期间，单户利润加权平均为 3 元 / 月。

那么，一张美团信用卡的回本周期，就是 250 ÷ 3 ≈ 83.3 个月，这里取整数 84 个月，相当于 7 年。没错，一张美团信用卡需要 7 年才能回本，如图 1-5 所示。

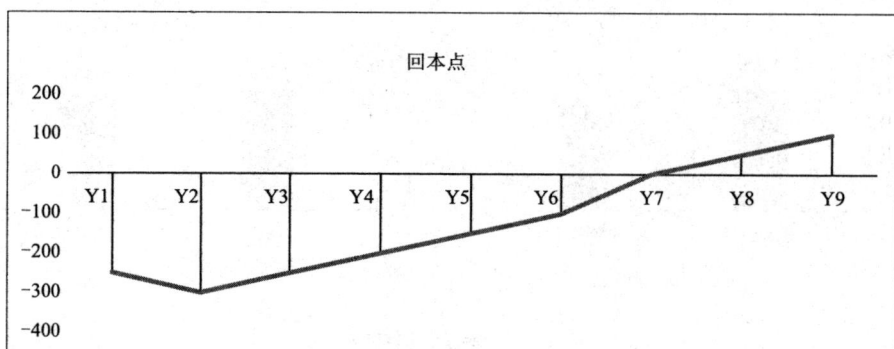

图 1-5　美团信用卡回本点折线图

这个计算并未包含美团的分润。当贷款余额达到30亿元时,美团还要分走3%的营业收入，这意味着这门生意永远不能回本。

一个永远不能赚钱的生意，城商行还要不要继续？会不会提前中止合作？

而作为流量巨头的美团，携海量客户切入信用卡细分领域，只分收入，不管结果，对各家城商行是加持，还是枷锁？

答案不得而知，这张卡才上线几年，一切都还是未知数，也是摆在银行面前的一道选择题，对各家城商行管理层，是一次决策智慧的考验。

在我写作本书期间，中国银保监会和中国人民银行于2022年7月发布了《关于进一步促进信用卡业务规范健康发展的通知》（以下简称《通知》），对合法发卡机构的集中度管理及服务收费管理作出了明确规定，给美团模式戴上了"紧箍咒"甚至宣判了"死刑"。

根据《通知》第二十五条规定，银行业金融机构通过单一合作机构或者具有关联关系的多家合作机构各类渠道获取信用卡申请的，批准信用卡的发卡数量合计不得超过本机构信用卡总发卡数量的25%，授信额度合计不得超过本机构信用卡总授信额度的15%。

这意味着，完全依赖美团渠道发卡的城商行，将不得不大幅压缩该渠道的发卡规模，以满足25%的集中度上限要求。

而且根据《通知》第二十九条规定，联名单位在联名卡业务合作中直接或者变相参与信用卡收入或者利润分成，或者将收费标准与信用卡透支金额等指标不当挂钩的，银行业金融机构应当停止与其进行联名卡合作。

这一条，直接宣判了"城商行与美团发卡分润合作模式"的死刑。

没有双赢的合作模式，注定没有未来。信用卡的经营，需要有损益观。

● 解密信用卡的赚钱逻辑：信用卡生命周期损益分析

从美团信用卡的案例中你会发现，信用卡行业绝非我们想象的那么简单。

实际上，信用卡可能是最复杂、经营链条最长、分工最细、劳动力最密集的金融产品。

那么，一张信用卡到底如何盈利？

每当问起这个问题，即使这个行业的多年从业者，也极少有人能完全讲明白。由于分工较细，大部分从业者只在某个或几个岗位上工作过，能讲出信用卡依靠分期盈利的认知，但对信用卡的底层商业逻辑，则缺乏全景认知。

下面以一张信用卡的生命周期为主线，梳理各个环节涉及的收益、成本，帮助大家建立一个整体认知框架，如图 1-6 所示。

信用卡生命周期损益分析模型

（以成熟信用卡中心为模型，数据为行业模拟水平，非精确数据）

生命周期	收益	成本	收益率	成本率	净资产收益率（ROA）
申请环节	年费卡比例：10% 户均：400元	征信查询 0.5 元 销售费用 350 元（单列）	忽略不计	并入运营成本	3%
制卡寄卡	—	10 元	—	并入运营成本	
激活	—	—	—	—	
交易	手续费收入（回佣）	资金成本（FTP）	0.4%×12=4.8%	3.6%	
还款	—	还款手续费 平均 1 元 / 笔	—	并入运营成本	
分期 / 循环	利息收入	资金成本（FTP）	16%	3.6%	
风险损失		坏账	—	3.5%	
其他收入	违约金、存量年费		2%		
运营成本	—	客服、清算等	—	2.3%	
合计			12.4%	9.4%	3%

注：1. 违约金、年费计入其他收入，整体收益率2%；
　　2. 销售费用、征信、还款成本计入运营成本，整体成本率2.3%；
　　3. 分期循环占全量贷款50%，交易金额占全量贷款50%；
　　4. 分期及回佣收益率 =（4.8%+16%）÷2=10.4%，资产收益率合计 = 10.4% + 2% = 12.4%，成本率合计 = 资金成本 + 风险成本 + 运营成本 = 3.6% + 3.5% + 2.3% = 9.4%。

图 1-6　信用卡生命周期损益模型

信用卡的生命周期，从申请开始。

当你填完申请信息，单击"提交"按钮时，后台审批系统开始工作，几秒就能根据申请人的资信，决定是否核发信用卡及额度。

这个环节，有什么成本，有什么收入呢？

成本主要包括征信查询费用和销售费用，目前各家银行与中央人民银行签订的征询查询服务费，是一个打包价格，成本约为 0.5 元 / 笔，成本率忽略不计。

销售费用，主要是销售人员工资薪酬及佣金激励或渠道的引流费用，成本约为 350 元 / 户。该成本对单张信用卡损益影响很大，但对于一个有几千亿元贷款规模的成熟信用卡中心，该部分成本并非核心成本，而是连同制卡寄卡、客户服务等成本，列支运营成本，成本率为 2%~3%，本书按 2.3% 核算。

在此特别说明：由于本书的目的是从一家成熟信用卡中心视角，分析信用卡生命周期各环节的损益。销售成本对于单张信用卡的损益至关重要，但相对于已经具有几千亿元规模贷款的信用卡盘子，这部分成本占比并不大。所以，虽然我们将销售费用单独展示，但计算成本率时一并放入运营成本。

申请阶段的收入，主要是年费卡。

随着市场饱和及激烈竞争，新获客年费卡占比仅为 5%~10%，甚至更低，平均年费 400 元（按高端卡和普通卡拉平算），假设一家机构年发卡量 30 万张（年费卡占比 5%），该部分年费收入为 600 万元，相对于几百亿元贷款规模产生的收入，该部分收益较少，并入其他收入（方便计算）。

卡片审核通过后就是制卡和寄卡。各家银行都有签约外包制卡机构，为信用卡客户提供卡片制作和寄送服务。随着规模化和物流成本的降低，行业平均制卡寄卡成本约为 10 元 / 户。该部分成本，同样计入整体运营成本。

客户收到卡片，激活使用。激活这个环节，随着移动互联网技术的发展，可以通过短信、App、微信公众号完成，成本较低。当然，也有客户通过客服热线、预约银行工作人员上门激活，这部分成本也计入整体运营成本。

卡片激活后，客户开始刷卡消费。

这个节点特别重要，它是真正理解信用卡盈利逻辑的开始。

假设你去麦当劳或者肯德基买一份 30 元的早餐，使用信用卡支付后，带走早餐，买卖似乎就完成了。但你有没有认真琢磨过，这个交易背后的物流、资金流到底是如何实现的？

当你从麦当劳带走一份早餐时，你其实并未真正付钱，相当于免费拿走了一件商品。作为商家，麦当劳为什么会同意你带走商品呢？因为背后是银行信用。这笔交易的实质，其实是麦当劳赊销了一份早餐给你，你通过信用卡支付作为担保，告诉麦当劳，银行会在明天（T+1）替我支付这笔货款，因为背后有银行信用，所以麦当劳同意你拿走商品。

而作为持卡人，银行为什么要为你垫付这笔资金呢？因为你有个人信用。你在申请信用卡时，银行已经结合你的工作、年龄、个人资产等信息，评估过你的资信，相信你有还款能力。

当然，你也是最大的赢家，你买东西，银行替你向商家付款，30~50天后你再把这个钱还上，这笔交易才真正结束，你免费使用了银行的资金，不用承担利息。

银行为什么愿意干这件事情呢？因为有了交易，才能沉淀贷款，有了免费的贷款，才有可能带动一部分付费贷款。

回到交易环节，每笔交易，银行会向麦当劳等商家收取交易手续费，费率40bp（basispoint，简称基点）左右，年化收益率约为4.8%，即0.40%×12=4.8%。同时，银行也为消费者承担了资金成本，各家银行不同，在3.6%上下波动。

到这里，我们来阶段性地算个账。

手续费收益 – 资金成本 – 运营成本 = 4.8%–3.6%–2.3% = –1.1%。你会发现，如果信用卡这门生意到此结束，银行根本无利可图，还亏损1.1%。

显然，这不是信用卡商业模式的全部，接下来继续往下拆解。

下一个节点，是账单日和还款日。

30~50天的免息还款期后，你会收到银行的信用卡账单，同时会有一个确定的还款日。

在还款这个环节，持卡人会出现四种行为：

第一种是全额还款客户；

第二种是按照银行规定还一个最低还款额，剩余的贷款进入循环滚动；

第三种是账单分期，在以后各个月份逐月偿还；

第四种是缺乏还款能力，逾期不还。

这四种客户行为的不同组合及占比，决定了一家银行信用卡的盈利能力。

什么意思？我们可以用极端思维来考虑，假设所有客户都全额还款，这门生意就是确定的亏损，亏损率为1.1%。如果100%的客户都选择分期或循环，那么贷款的收益率就是分期或循环的价格，假设为16%，此时整体收益率就是14.9%（16%-1.1%）。如果全部客户都逾期，这家银行就会处于巨亏状态，直接倒闭。

简单地讲，如果全额还款客户少，循环和分期的客户多，没有或者很少违约客户，那么这家银行将处于"无敌"状态。

行业内，将分期或循环在全量贷款的占比，称为"生息资产占比"，是衡量一家银行盈利能力的最关键指标。同时，将逾期6个月以上贷款占比全量贷款的比例，叫作"呆账率"。

全额还款客户，银行在这个环节没有收益，反而会为非本行通道还款的资金，承担还款手续费，根据通道的不同，每笔手续费在0.5~1.8元。同样，这部分成本计入信用卡"运营成本"。

分期或循环资产占比，是整个信用卡行业最核心的指标，银行希望这个占比越高越好。当然，客户的行为也是自发和正态分布的，这个比率不可能是100%，也不可能是0。

青岛银行生息资产占比为50%，招商银行可能是60%。就行业整体而言，50%能代表大部分银行的水平（近两年实际低于50%）。也就是说，银行每放出去100元贷款，有50元会全额还款，另外50元则会进入分期或循环，产生利息收入。

生息资产内部，循环和分期的占比约是2：3。

50元的生息资产，有20元进入循环，有30元进入分期。为什么进行细分？因为循环和分期的利率定价有一些差别，行业中，循环年化利率为17.5%，而分期年化利率为15%。

那么，全量贷款的收益率应该如何计算呢？

这时，我们必须认真分析全量贷款的构成。每个月的贷款余额 = 分期余额 + 循环余额 + 当月交易金额，这是最主要的成分。

因此，信用卡整体收益率 = 分期价格 × 分期占比 + 循环价格 × 循环占比 + 回佣收益率 × 交易金额占比 + 其他收益率。

假定其他收益率 2%，则信用卡整体收益率 = 15% × 30% + 17.5% × 20% + 4.8% × 50% + 2% = 4.5% + 3.5% + 2.4% + 2% = 12.4%。

到这里，我们可以接着算账。

收益端，一家信用卡机构，生息资产收益率为 8%，手续费收益率为 2.4%，其他收益率为 2%，整体收益率为 12.4%。

成本端，资金成本为 3.6%，运营成本为 2.3%，如果没有风险成本，整体成本率为 5.9%。

两者轧差为 6.5%，这里可以理解为利差。

如果没有客户违约，那么信用卡行业的净资产收益率水平就是 6.5%，和制造业平均收益率差不多，并不是外界想象中的暴利。

但是，现实往往是残酷的，几乎没有任何贷款是不逾期的。

贷款和违约相伴而生，尤其是遭遇经济周期或者是黑天鹅事件，呆账率有可能完全吃掉 6.5% 的收益率，甚至蚕食掉多年赚取的利润。

近几年，信用卡客户违约率明显上升，行业呆账率一路上升，超过 5% 的机构不在少数。很多信用卡中心净资产收益率只有 1.5%（6.5%－5%）左右，个别甚至出现亏损，是行业十几年来最差的表现。

2021 年，宏观环境的好转，带来违约率的下降，行业呆账率下降到 3% 左右（本书按 3.5% 计算），净资产收益保持在 3%，行业进入微利时代。

信用卡生命周期的最后一个环节，则是对逾期贷款的催收，该部分产生的成本计入运营成本，回收金额则是冲抵已计提的坏账准备，可以理解为抵减坏账，最后体现到呆账率指标上，本书不单独展现。

同时，各家银行信用卡开展市场活动，为客户提供刷卡福利和优惠，该部分成本计入运营成本。

至此，我们对信用卡生命周期各个环节的收益、成本进行了详细拆解，相信你对信用卡行业有了一个更清晰、更底层的认识。整个行业的经营逻辑和本质，可以简单通过表 1-1 进行了解，一目了然。

表 1-1 信用卡资产收益率

收益率（%）	12.4	成本率（%）	9.4	资产收益率（%）	3
手续费收入	2.4	资金成本	3.6		
循环利息收入	3.5	运营成本	2.3		
分期利息收入	4.5	风险成本	3.5		
其他收入	2.0				

● 重新定义信用卡的商业模式

基于上述分析，可以看出，如果所有的交易都是全额还款，而不向分期和循环转化，那么信用卡这门生意则会因为亏损而无法持续。正是由于一开始有免费使用资金（免息还款期）的客户，才从中衍生出愿意付费（分期循环）的客户。

信用卡的这一模式，可以对标互联网企业。

相当一部分互联网企业的商业模式，是通过向一部分客户提供免费的服务或商品来获取客户和流量，而向平台的另一部分客户收取费用来回收成本，实现盈利。

借用这个商业逻辑，可以重新定义信用卡的商业模式。

信用卡行业的本质，就是通过向一部分客户免费让渡资金使用权（全额还款客户），以此获取客户和流量，而从另一部分客户（分期循环客户）赚取回报的商业模式。

这和互联网平台"一段免费 + 二段收费"的商业模式，并没有本质上的区别。

免息还款期，是给予所有客户的基本待遇；而对于有更长周期资金需求的客户，则需要支付利息费用，以满足自身需求。

行业三项关键收入来源于回佣（刷卡手续费）收入、分期收入和循环收入，三项核心成本为资金成本、运营成本、风险成本。而各家信用卡中心的经营能力和数据表现，也由这三项收入和成本的结构决定。它们的万千组合，反映了一家信用卡机构经营者的经营能力。

● 信用卡经营四大关键驱动因素：两种价格，两个比率

再进一步追问，信用卡的三项核心收入和三项核心成本又是什么决定的呢？

既然信用卡主要盈利点在分期和循环业务，那么生息资产占比是一个关键驱动因素。也就是说，一家信用卡中心的贷款结构中，分期和循环余额的占比越大，资产的收益率就会越高。因为这两类资产的价格，是最高的。

占比越高的某类资产，如果其价格也越高，则全量资产的整体收益率也会越高。因此，除关注生息资产占比外，资产本身的价格，也是关键因素。

而资金既有价格也有成本，资金成本越低，利差就越高，银行也就越赚钱。所以，利率定价和资金成本是信用卡行业的关键驱动因素。

最后一个因素是呆账率，即风险成本。呆账率每上升一个点，意味着收益率被蚕食一个点，这对于依靠规模薄利多销的信用卡行业而言，也很关键。

所以，信用卡行业的四大关键驱动因素，可以简单总结为"两种价格＋两个比率"，即利率定价和资金成本、生息资产占比和呆账率，共同驱动信用卡行业的经营，见表1-2。

表1-2　信用卡行业的四大关键驱动因素

两种价格	两个比率
利率定价 信贷供给过剩的竞争＋低利率趋势	生息资产占比 客群结构决定生息偏好和生息占比
资金成本 付息成本上升，需要调存款结构	呆账率 客群结构决定资产结构及风险水平

只有找到四大关键因素，才有可能看到趋势，从而调整经营方向和策略。

比如，利率定价，随着经济增长放缓，以及信贷供给过剩，价格的竞争越来越激烈，很多年轻客户抛弃信用卡，转移到"两条两呗"。除场景体验之外，价格也是一个重要因素。这也是近两年信用卡行业头疼的问题，愿意通过信用卡分期的客户越来越少，银行的生息占比下降太快。

银行的存款压力，催生了存款利率的上涨。资金成本的上涨，也是一个趋势。但各大银行也在通过大力推动代发等动作，调整自身存款结构，压降整体付息成本。

生息资产占比和呆账率,两者有一个共同的底层驱动因素,那就是客群结构。比如,招商银行信用卡中心,其客群以 35 岁以下高学历客群为主,即年轻优质客群。年轻客群天然具有超前消费的偏好,更愿意分期和循环,因此,招商银行信用卡中心的生息资产占比,高于行业平均。

同时,这部分客户学历高,自身资信较好,抵御风险能力更强。同样是近几年,招商银行的呆账率仍然是行业最低的原因之一,亏损相对较少。

● 杜邦分析视角下的信用卡经营飞轮

前面我们从美团信用卡回本周期开始切入,对信用卡的生命周期进行了损益分析,了解了信用卡损益表的三项收入及三大成本,并提炼了信用卡经营的四大关键驱动因素。实际上,你已经对信用卡行业的本质有了一个清晰的认知。

但是,这些分析和认知,还不足以让你对信用卡的经营有一个全局把握。拥有这些基本功,也不能直接帮助你开始"下地干活"。还需要一个工具,构建"下地干活"的能力,那就是信用卡的杜邦分析。

杜邦分析法,是利用几种主要的财务比率之间的关系来综合分析企业的财务状况。基本思想是将企业的净资产收益率逐级分解为多项财务比率的乘积,这样有助于深入分析比较企业的经营业绩。

具体来说,它是一种用来评价公司盈利能力和股东权益回报水平,从财务角度评价企业绩效的经典方法。由于这种分析方法最早由美国杜邦公司使用,故名杜邦分析法。

我一直认为,任何一家公司的经营者,如果心中没有一张这家公司和这个行业的杜邦分析报表,他一定不是一个合格的管理者。因为,所有的管理都要面向绩效,而绩效体现为报表,报表体现为数字。这些数字间的钩稽关系是可以算出来的。

如果你没有掌握这中间的逻辑关系,就无法通过计算设定经营目标,那么你肯定无法从报表走向业务,通过改变业务来提升业绩。

当我们把收入、成本、风险放入这个体系时,就看到了一幅信用卡行业经营的全景图(见图 1-7),也有机会找到每一个环节的驱动因素。

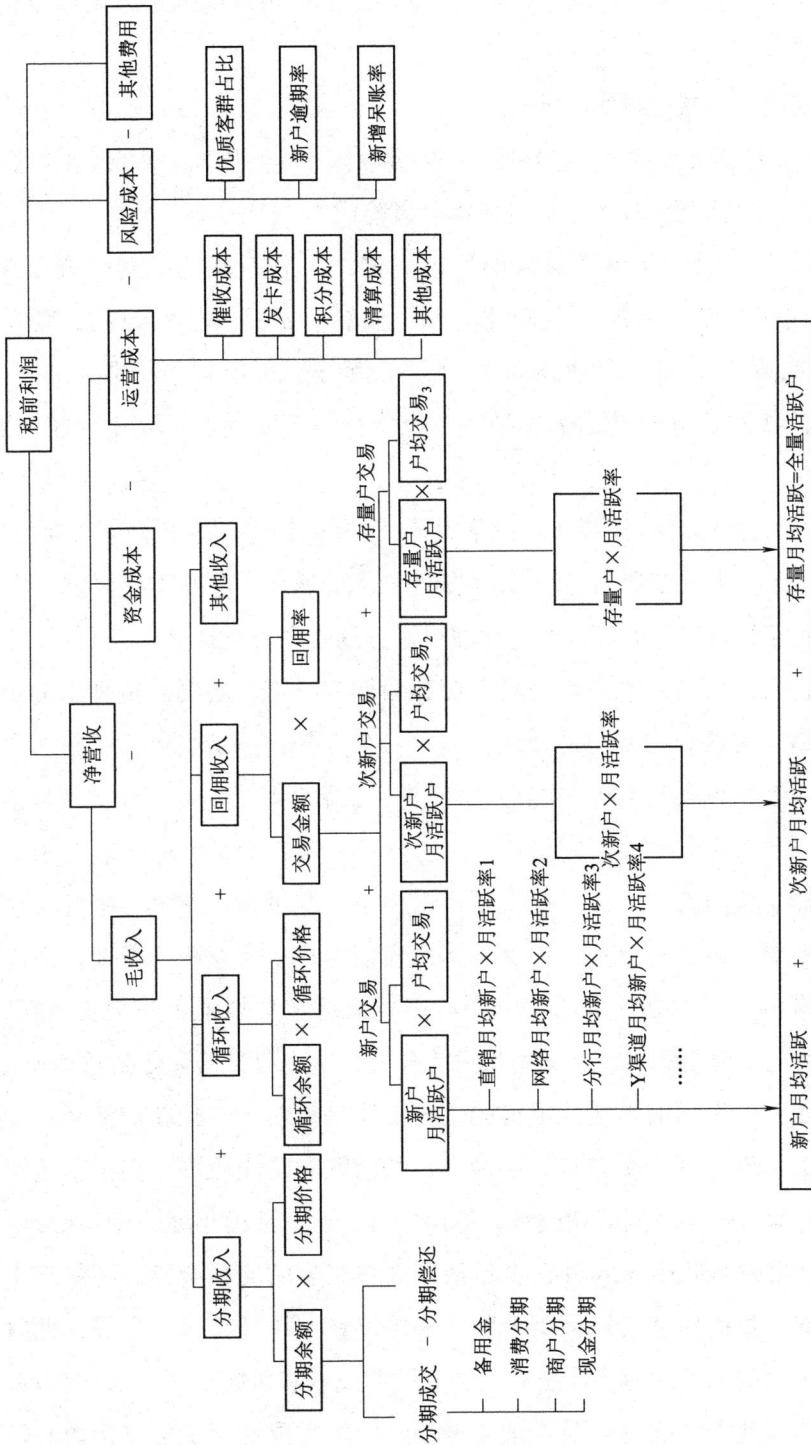

图1-7 信用卡经营全景图

对信用卡而言，杜邦分析的金字塔顶端，是利润，这也是绝大部分企业经营的终极目的。

利润由收入项减去成本项构成。

收入项，包括分期收入、循环收入、回佣收入、其他收入（年费、滞纳金等）。

成本项，包括资金成本、运营成本、风险成本。

分期收入，由分期规模与分期价格决定。而分期规模 = 期初分期余额 + 每月分期成交金额 - 每期分期偿还金额。显然，要提升分期规模，则需要不断提升分期成交金额，形成增量。再往下拆分，则可以按分期产品、渠道划分，从而找到业务驱动的关键抓手，也能在内部明确业务属主，匹配资源，下达指标。

循环收入，由循环规模和循环价格决定。受产品形态约束和分期习惯的培育，客户更倾向于各类分期产品，而对还最低还款额的循环产品并不感兴趣。近几年，一个非常明显的趋势是循环资产占比减少，分期资产占比提升。

回佣收入，由信用卡当期交易金额和回佣率决定。需要着重理解的是，交易金额的驱动因素。当期交易金额，包含三个部分：一是当年活跃新客户产生的交易；二是去年活跃客户（次新户）交易；三是存量活跃客户（去年以前的历年旧客户）贡献的交易。

就客户体量而言，新客户、次新户占比小，存量户占比大，因此，交易金额的贡献主要由存量户完成。但这并不代表新客户、次新户不重要，由于存量户每年都有流失，如果一家信用卡中心想要保持客户规模不断增长，新客户、次新户的补充，就是源头活水，显得尤为重要，这也是销售队伍的价值所在。

这样就可以清晰的界定，销售的主要工作是拉新，并让新户活跃；运营部门的核心工作就是维护次新户、存量客户的活跃和防止流失。根据全量活跃客户的整体经营目标，我们能精确地计算出销售、运营部门年度的经营指标。

除贡献客户规模的增长外，全量活跃客户产生的交易金额，还是产生分期业务的土壤。如前所述，当信用卡的业务停留在交易环节时。交易回佣收入和资金成本之间的利差仅有 1% 左右，加上运营成本和风险成本，必定出现亏损。但这并不能以此否认交易金额在信用卡经营中的重要性，虽然直接盈利效果并不明显，但没有交易就没有分期循环业务转化的基础，大规模的交易金额才能转化为更多的分期循环余额，这才是交易金额至关重要的原因。

因此，回佣收入这个环节，核心是客户增长和客户活跃，它是信用卡行业的"生命之源"，是业绩增长的引擎。交易金额、分期转化和营业收入，则是水到渠成的结果。

其他收入，主要包含违约金、年费等。该部分收入一般不直接干预，随着行业竞争加剧，年费收入逐年降低，已不是收入的主要来源。

在收入模块，我们还能清晰地看到应收账款的构成。在全景图中，应收账款（或"贷款余额"）主要由分期余额、循环余额、交易金额组成。生息资产，是"分期余额＋循环余额"之和，它们在应收账款中的占比，就是"生息资产占比"。因为这两类资产收益率最高，所以，其在资产中的占比越高，应收账款的整体收益率就会越高。这就是做大分期、循环在财务上的意义。

需要说明的是，实践中"分期余额＋循环余额＋交易金额"三者之和，不完全等于"应收账款"。这是因为三个变量中，交易金额是发生额，其余两项是余额。而当月交易发生额，并不一定全部留存为月末的余额，中间有提前还款等因素影响，形成数字上的差异。当然，这个差异并不影响以上逻辑的成立。

资金成本，是信用卡最重要的成本项，由应收账款（贷款规模）和资金价格（FTP）决定。银行本质上是信用中介，所有发放给客户的贷款或者为客户垫付的资金，都是吸收存款而来，是需要付出成本的。信用卡是重资本行业，无论是客户当月的正常消费，还是分期循环，银行从交易的第 2 天（T+1 结算）起都需要为客户垫付资金，因此也需承担资金成本。

如果在分期收益、循环收益、回佣收益中，把资金成本考虑进去，就能更加深刻地看到，分期、循环业务扣除资金成本后，还有盈利空间，是真正的拳头业务。而单纯交易金额（全额还款部分），所赚取的回佣率和垫付的资金成本，基本打个平手，不是真正的盈利业务。但其战略作用，如前所述，是不可替代的。交易金额是因，分期循环是果。

运营成本，内容十分丰富，包含催收成本、发卡成本、积分成本、清算成本、其他成本（如还款成本、客服成本等）。这是一家信用卡中心从事收入端业务，所必须承担的成本。于成熟信用卡中心而言，这些成本可以理解为半固定成本，每年的变化波动不会太大。而且，随着行业充分竞争，运营效率提升，运营成本率（运营总成本 ÷ 应收账款）呈逐年下降趋势。

风险成本，则主要由宏观经济环境和资产结构决定。

宏观环境容易理解，如 2020 年，整个行业的风险成本显著提高。但即使大家的坏账率都上升，不同银行的上升幅度是不同的，因为各家银行资产质量不一样，抵御风险的能力差别就很大。

资产质量，背后驱动因素是客群结构。同样贷款给五个人，优质高学历客户，就比无稳定收入客户，抗风险的能力强很多。

至此，我们借用杜邦分析体系，对行业的经营全景图进行了完整的拆解，相信你对行业背后的财务逻辑已经有了一个彻底的认知，也找到了每个指标的驱动因素和内在的关联。只有我们找到了每个指标的底层驱动因子，才有机会在业务面有所作为，有的放矢下沉到业务中。

如果再进一步，你会发现，我们可以把这个全景图结构化、模块化（见图 1-8）。

在图 1-8 中，我们把新户部分圈起来，第一个模块，叫作"拉新"。该模块要解决一个机构不断"长大"的问题，也是信用卡中心极其重要的职能部门。

拉新后，就是客户的活跃。第二个模块，叫作"促活"。它解决的是让客户不断活跃，只有活跃客户才能贡献交易金额，才能沉淀分期循环贷款。

第三个模块是"盈利"。它要解决的问题，是让应收账款中产生更多的生息资产，也就是不断提升生息资产的占比。

第四个模块是"风控"，是行业非常关键的一部分，是贡献利润还是蚕食利润，很多时候由它直接决定。

"拉新、促活、盈利、风控"四个模块，就像汽车的四个轮子，构成了信用卡行业的经营"飞轮"（见图 1-9）。任何一个模块做不好都不行。如果信用卡行业有所谓的长期主义，那么这个长期主义就是做好四个部分的平衡经营，也是检验管理者管理能力的最佳试金石。

平衡经营，不会让一家机构一夜暴富，但能防止它瞬间崩塌。

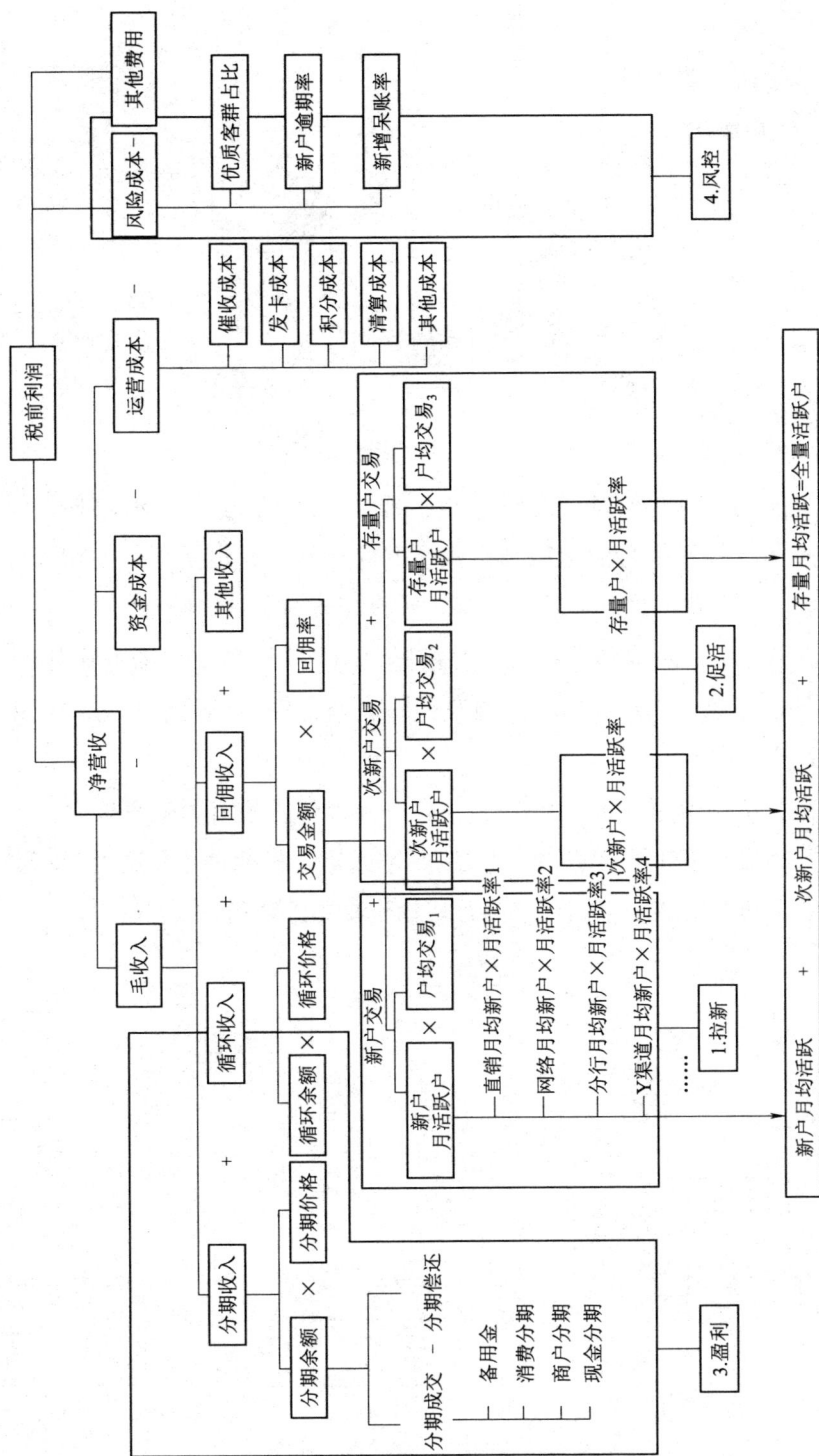

图 1-8 从杜邦分析体系到模块化工作

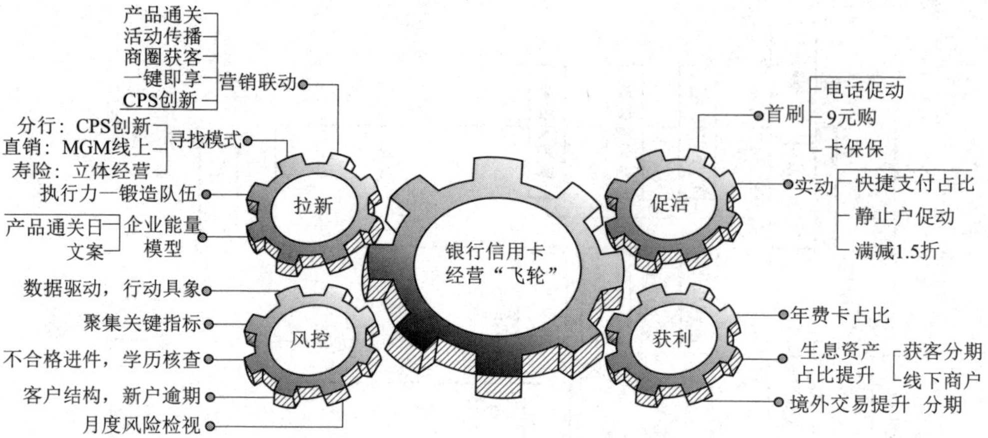

图1-9 银行信用卡平衡经营"飞轮"

至此，信用卡行业的赚钱逻辑、商业模式、驱动因素、经营飞轮已呈现完毕，它们是构成信用卡行业这座高楼大厦的底层基石，也是打开信用卡经营之门的金钥匙。只有我们理解到这个程度，才真正理解了这个行业。

从财务到业务，从底层逻辑到行为指标，用一竿子捅到底的方式开展工作，才能做到胸中有数，笃定前行。这也是我一直坚持的工作理念和方法，把它分享给您，希望对您能有所启发。

当然，对信用卡行业的理解并非只有一种视角。还有另一种视角，是从应收账款和资产收益率往下拆解，找到关键驱动因素。我把它放在这里，供您参考。如果您能够理解上面的全景图，那么你应该也能很好理解图1-10。

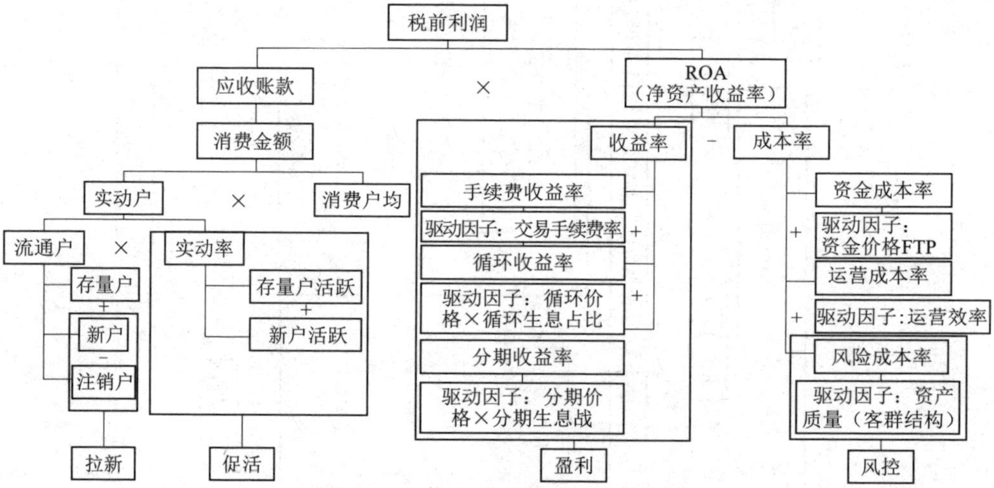

图1-10 信用卡行业经营全景图

核心逻辑并未改变，还是三项收入（不考虑其他收入项）和三项成本构成了关键驱动因素，只是切入的角度有些变化。

● 传统银行到底要不要学习互联网的"烧钱"模式

在重新定义信用卡商业模式章节，将信用卡与互联网行业进行了对比，它和互联网行业的相似之处是，让一部分人免费使用服务，而从另一部分人身上获得回报。

而在前面的章节，介绍了信用卡的经营变成"拉新、促活、盈利、风控"四个模块，这本质上和互联网的玩法十分类似。

因此，银行内部经常会出现一种讨论，"传统银行到底应不应该学习互联网公司"，尤其是应不应该学习互联网的"烧钱"模式。

因为前几年参与这个问题讨论的银行人特别多，所以本章最后，将尝试回答这个问题，给出一种思考问题的角度或者模型。

信用卡的经营，从一开始"烧钱"投入，到最后盈利，大致会经历"'烧钱'→获客→促活→亏损→盈亏平衡→盈利"几个阶段，如图 1-11 所示。互联网行业的经营路径，也基本和这个差不多，也是从"烧钱"开始，以盈利结束。

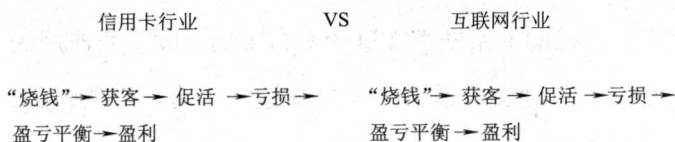

信用卡行业　　　　　　　VS　　　　　互联网行业

"烧钱"➔ 获客 ➔ 促活 ➔亏损➔　　　"烧钱"➔ 获客 ➔ 促活 ➔亏损➔
盈亏平衡➔盈利　　　　　　　　　　盈亏平衡➔盈利

图 1-11　信用卡行业与互联网行业的盈利逻辑

正因为看上去差不多，所以，很多从业者便据此得出结论，信用卡行业也应该学习互联网公司，开启"烧钱"模式，而不是死扣成本，总计算投入产出比（ROI）。互联网公司能"烧钱"，为什么银行反而不能？如果比钱多，银行应该比互联网公司多很多。

是的，"基本上""差不多"这些关键词，可能意味着天壤之别。如果再仔细对比，你会发现我们忽略了互联网公司有别于传统银行两个特别重要的发展阶段，一个叫"网络效应"，即跨越临界点；另一个叫"定价权"，即赢家通吃，如图 1-12 所示。

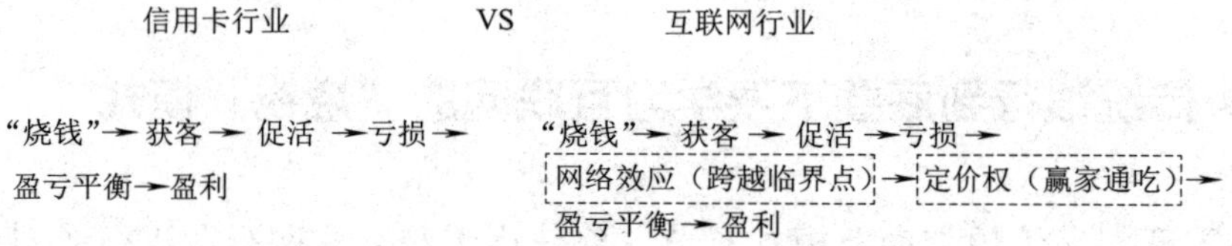

信用卡行业　　　　　　　　VS　　　　　　　互联网行业

"烧钱"→ 获客 → 促活 → 亏损 →　　　　"烧钱"→ 获客 → 促活 → 亏损 →
盈亏平衡→盈利　　　　　　　　　　　网络效应（跨越临界点）→ 定价权（赢家通吃）→
　　　　　　　　　　　　　　　　　　盈亏平衡 → 盈利

图 1-12　互联网行业真实盈利逻辑

我们要理解互联网公司和银行的本质区别，需要先深刻理解"网络效应"这个概念。

什么是网络效应？

一种产品或者服务，对于一名用户的价值，取决于使用这个产品的其他用户的数量。也就是说，随着每一名用户人数的增加，该产品或服务对于一名用户的价值也会提高，经济学将此现象称为网络效应。用户越多，越有价值；越有价值，用户越多；滚雪球一般不断地积累用户黏性。甚至，一旦用户总数突破一个临界点后，最终进入"赢家通吃"的状态。

以微信为例，大部分人是从 2010 年下半年及 2011 年开始使用微信。你可以仔细回想，自己是如何使用微信这款社交工具的？

我相信没有人是被腾讯的推广人员逼着使用的，大部分人是因为身边的亲朋好友都在使用，自己的关系网都在这个平台上而自发下载使用的。

随着每一个和你有社交关系的人，加入这个平台，微信对你的价值就会增加一点。当你的好友数量达到一定程度时，你就再也没有办法离开它，因为你们之间已经形成了一张错综复杂的网络。

而当微信平台的总人数达到某个临界点时，网络效应就会像滚雪球一样，使得平台用户的爆发式增长，最终达到"赢家通吃"的状态，这种状态足以让竞争对手放弃。

即使像阿里巴巴这样的"巨无霸"在微信之后，推"来往"社交软件，小米推"米聊"，最终都败给了微信的网络效应，因为每一个人的社会属性都错落有致地"绑"在微信上。

微信现在超 10 亿用户，就是网络效应最典型的例子。

还有什么行业具有网络效应呢？

比如，婚恋网站，平台的女生越多，男生就会越多，男生越多，女生就会更多。再如，过去 10 年打车出行平台，平台司机越多，用户就会越多，用户越多，司机就会更多，如此循环形成增强回路，直至跨越临界点，实现爆发式增长。

互联网行业的这种网络属性，意味着什么呢？

当一个行业或一个平台具有网络效应，几乎注定终将走向"赢家通吃"的状态，从而享有最终定价权，如"微信""滴滴"。这个结果是如此的诱人，以至于进入互联网行业的创业者，在进门时都必须穿上一双"停不下来的红舞鞋"。因为这场比赛，不是谁先到终点的比赛，而是谁先跨越临界点的比赛。最早过临界点的人，网络效应会帮你直接抵达终点。

所以，你必须快，必须非常快。

首先，你要把产品做得足够好；但这远远不够，你还要把产品免费；免费还不够，你要补贴；补贴还不够，你要比别人补贴更快。这个过程，就是比拼"烧钱"的过程！你看打车出行平台，一开始有滴滴、快滴、神州专车、易到用车、Uber 等，为了抢占用户，补贴司机，补贴用户，就是这个逻辑。

大量的资本推动着创业者向"临界点"一路狂奔。百分之一的创业者，率先挖到临界点，获得"网络效应"降临带来的最终胜利。而提供"烧钱"的资本，也将获得百倍的财富。

没能第一个跨越临界点 99% 的创业者，平台用户会逐渐流失（流向已具有网络效应的行业头部），或者被行业第一合并收购，逐渐消失在赛道里。这就是创投圈著名的"C 轮死"（见图 1-13）。绝大多数走到 B 轮融资的公司，是拿不到 C 轮融资的，因为别人已经跨越临界点，胜负已定，而投资人是不会下注一个胜负已定的游戏。

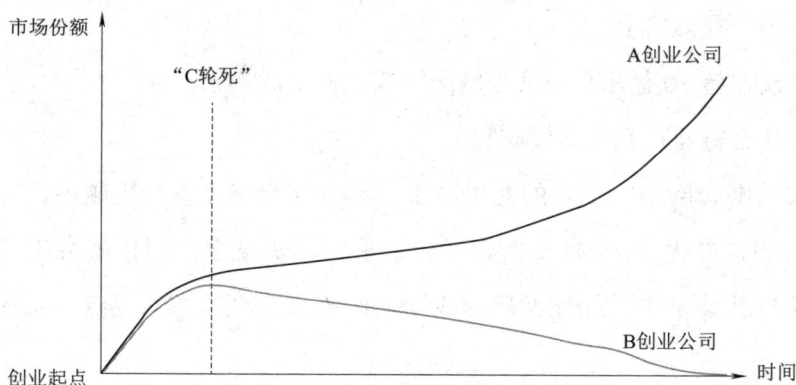

图 1-13　创业公司"C 轮死"

互联网业态具有网络效应，创业者就会比拼谁先跑向临界点，而为了一路狂奔，大家会借力资本，开启"烧钱"模式，以加快速度，这是互联网公司"烧钱"模式的底层逻辑。

信用卡行业呢？具备"烧钱"的逻辑吗？

首先，信用卡是否有网络效应？我认为，信用卡的网络效应非常弱。一家银行的信用卡用户，并不会因为整个平台用户总量的增加，而明显感受到这张卡片带给自己的价值增值。大部分人申请信用卡，并不是因为这个平台用户多，也不是因为自己的亲朋好友已持卡，而是因为优惠活动、礼品或者额度。

弱网络效应，并不代表一点儿没有。刚开业的信用卡机构和成熟的机构，就存在巨大的差别。成熟机构持卡人多，合作商户也多，持卡人感知到的优惠也越多。只是这种感知来得很缓慢，也不明显。

没有网络效应，自然就不存在赢家通吃的最终红利，各家银行也就没有抢着跨越临界点的必要，更没有通过"烧钱"提速的可能。

"烧钱"，是为了最后的定价权，如果"烧完钱"也不能形成赢家通吃的局面，不具备行业定价权，那么你只能赚取行业的平均利润而非超额利润。这些平均利润，极有可能无法填平此前"烧掉"的资本，导致永远亏损，或者回本周期过长，这在财务上显然是不经济的。

所以，在信用卡行业里，你找不到一家独大的信用卡机构。无论是中国银行、中国农业银行、中国工商银行、中国建设银行、交通银行五大国有银行，还是招商银行、平安银行、广发银行、上海银行、青岛银行等区域性银行，都能在这个行业里找到自己的位置。最根本的原因就是信用卡业态不具备网络效应，不会形成一家独大的 721 格局（"721" 格局，是指一个行业的第一名占有 70% 的份额，第二名占有 20% 的份额，其他加起来占有 10% 的份额）。

这就是传统银行区别互联网公司最关键的地方，业态不同，底层逻辑也不同，切不可盲目模仿别人的"烧钱"模式。

还可通过正态分布和幂律分布模型来解释信用卡行业和互联网业态的不同。

什么是正态分布？

它是自然界，甚至商业界，最常见的一种分布。当影响结果（或者成功）的因素特别多，没有哪个因素可以完全左右结果时，这个结果通常呈现正态分布。这种分布，好得少，差得也少，大部分趋向中间，呈现一种"倒钟形"分布，如一群人的身高，特别高和特别矮的人占比都少，大部分都是不高不矮，趋向中间，如图 1-14 所示。

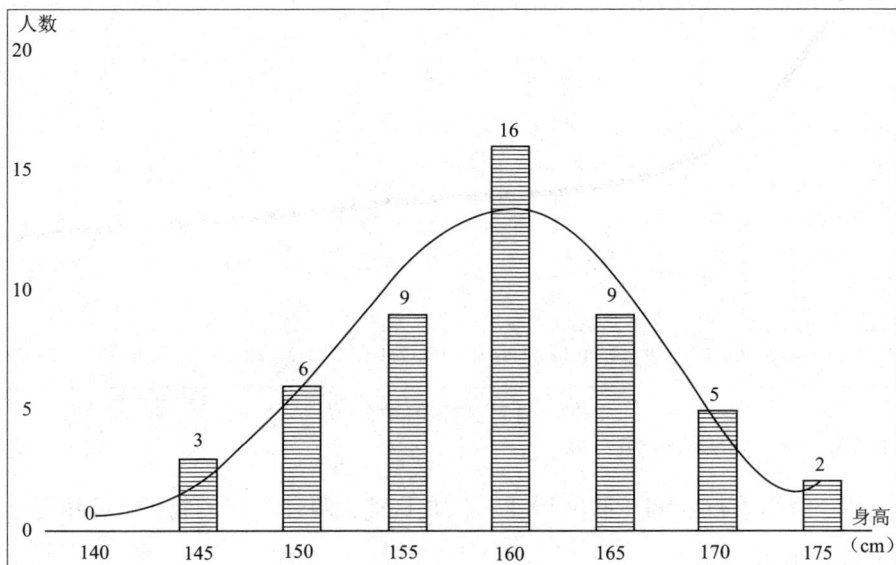

图 1-14　人的身高正态分布

数据来源：刘润《5 分钟商业学院·基础》。

餐饮行业也是如此，到今天为止，没有一家公司可以占据全国 5% 以上的市场份额，即使像海底捞，在火锅这个行业的占比也没有超过 4%。信用卡行业，属于正态分布，任何一家银行都不独大，再小的银行也可以参与，行业参与者都有的"玩"。

但并不是所有的现象都符合正态分布的。地球上还有一种常见的分布，叫作幂律分布。

什么是幂律分布？

就是强者越强，弱者越弱，趋向极端的一种"尖刀形"分布。比如，财富幂律分布，如图 1-15 所示，到 2019 年，全世界最有钱的 8 个人所占有的财富总和，相当于地球上最穷的那一半人所有财富的总和。互联网行业也属于典型的幂律分布，龙头公司占有全行业 70% 的份额，也是常态。

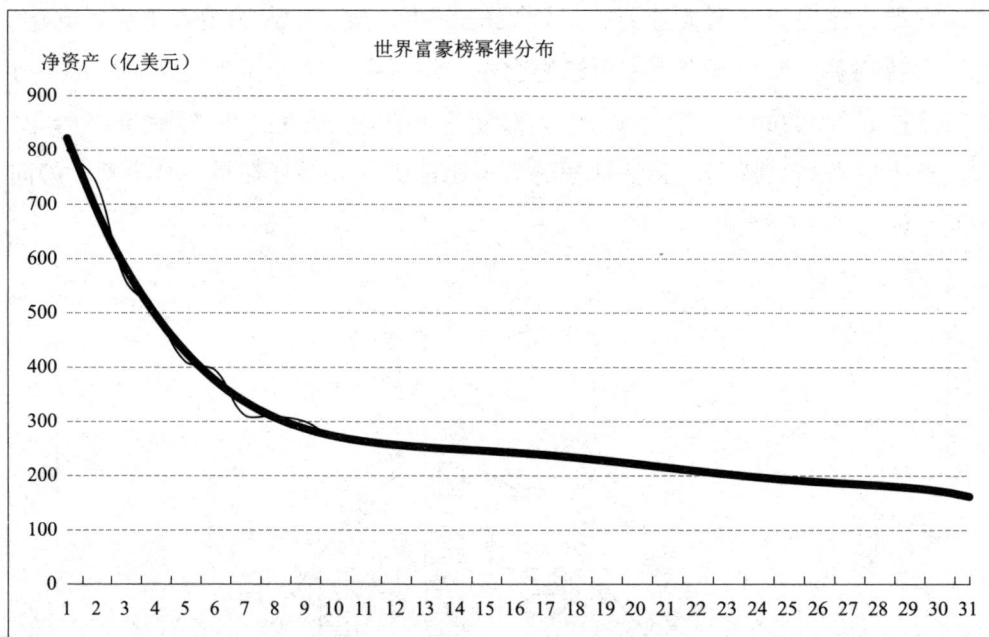

图 1-15　财富幂律分布

数据来源：刘润《5 分钟商业学院·基础》。

所以，信用卡行业和互联网行业，本质上属于两种不同的物种，可相互学习，但不可盲目追捧。

最后，我们还可从另外的角度解释"互联网行业—幂律分布—网络效应"和"信用卡行业—正态分布—非网络效应"根本不同的原因，那就是"边际成本"。

无论任何时候，信用卡行业、餐饮业，获取一个新客户的"边际成本"不为零。

每增加一个信用卡新客户，银行都会承担销售佣金、制卡寄卡成本等。每新开一家餐饮店，都需要支付租金和人工成本。

边际成本，变成了行业无限扩张的刚性约束，"边际成本"越高的行业，越是呈分散市场，符合正态分布。

而互联网行业呢？它的"边际成本"趋近于零，比如微信用户的增加，往往是客户自发自觉形成的，腾讯公司除付出了服务器费用等固定成本外，并未为新增一个客户付出额外成本。这种行业注定是可以快速且不受约束地扩张，领先者一旦过了引爆点，就会赢家通吃，符合幂律分布。

我们掌握这些基本的商业概念和工具，有助于理解商业世界的基本业态，并能够在不同的业态分布中，用不同的商业逻辑，顺势而为，寻求成功。

第二章

拉新：如何在存量时代获取新客户

近两年，"存量博弈""存量时代"是被提及特别频繁的词汇。各行各业的从业者都在讲，自己的行业进入了存量时代，容易赚钱的都没有了，往后要做更辛苦的事情。

存量时代，到底是什么？信用卡行业，发展到了哪个阶段？是不是也进入了存量竞争？这些问题是信用卡行业的所有从业者，在思考信用卡获新客时，必须要回答的问题，也是必须建立的认知。我们除了埋头拉车，更要抬头看路。

● 存量博弈：2021 年是信用卡存量经营元年

第七次全国人口普查显示，中国总人口约 14 亿。那么，各家银行向 14 亿人发了多少张信用卡呢？根据中国银行保险监督管理委员会的统计，截至 2021 年底，中国信用卡累计发卡 11.6 亿张，其中活跃卡量为 6.4 亿张（较 2020 年底的 7.4 亿张少了整整 1 亿张）。按照活跃卡量计算，平均每人持卡 0.45 张。这个数据看上去远不如发达国家和地区人均持卡 2 张的水平，似乎还有很大的提升空间。

但是，如果我们仔细分析，就会发现这样的计算极具误导性。根据第七次全国人口普查数据，14 亿中国人中，包含 5 亿农村人口，占比 36%。这部分人群没有信用卡使用场景，也基本上没有完整的征信供银行评估发卡。剩下城镇人口 9 亿，按照这个口径，人均持卡量变成了 0.7 张，接近 1 张。如果我们再精确一点，剔除小镇人口，实际可发卡的城市人口为 4 亿。照此计算，中国的信用卡人均持卡量为 1.6 张，接近 2 张，已经接近发达国家和地区的水平。

这是全国平均，但如果是北上广深等一线城市，以及重庆、成都、西安、杭州等准一线城市，人均持卡量这个数字可能还会增加。

以深圳为例，可发卡人群的人均持卡量已超过 3 张，信用卡渗透率极高。招商银行信用卡中心深圳分中心有 360 万持卡客户，平安银行有 330 万持卡客户，中信银行有 300 万持卡客户，即使不考虑中国工商银行、中国农业银行、中国银行、中国建设银行、交通银行五大国有银行，这三家银行总信用卡用户数已有 1 000 万张。

这意味着什么？

这意味着各家银行"跑马圈地"的时代已经结束。

以前各自在一块空白市场里做增量，到处都是目标客户，粗放式扩张，也不用做精，做细。但经过 10 多年的挖掘，各家银行已经挖完了自己的市场，撞上了边界墙，想要继续增长，必须去别家银行池子里抢客户。

这就是典型的存量时代，比以往任何时候都辛苦。

如果你没有这个认知，你就无法理解为什么 2017 年、2018 年、2019 年三年高速增长后，信用卡增长会迅速放缓。而且极有可能，未来几十年，我们都再也见不到那样的盛况。

只有理解了这一点，我们才能深刻理解为什么 2019 年下半年、2020 年及 2021 年，获客更难了，成本更高了；也才能理解，为什么客户的"胃口"越来越大，越来越挑；而且好不容易获取的客户，活跃度比以前低了，交易金额也低。

这一切，均因为存量时代的降临，客户从一卡难求到多卡在手，同一个客户的钱包份额，被多家银行"抢夺"和"瓜分"，每家银行看到的，都是自己客户的活跃度和交易金额的下降。

正是基于这样的周期和趋势，这两年各家银行提到最多的就是"精耕细作""数据驱动""场景化获客""抢夺移动支付入口"等，它们必须这样做，也必须真正重视客户体验。因为选择权在客户手里，客户抛弃一家银行，只需在微信支付的入口，动动手指，转移成本极低。

想要真正理解信用卡的行业逻辑，我们必须回头看看过去二三十年，信用卡行业的发展历程，以及行业所依赖的中国经济的发展周期。

● 以史为鉴：中国信用卡的发展历程与行业逻辑

中国信用卡的诞生

虽然官方定义，中国的第一张信用卡是在 1985 年由中国银行珠海分行发行的，但那其实是一张准贷记卡（持卡人先存钱再刷卡消费）。行业共识，中国第一张真正符合国际标准的信用卡，是由广发银行在 1994 年发行的。

1994 年，中国正成为世界的制造中心，工业化如火如荼地进行，大批农村人口南下广东、浙江打工。彼时中国人民银行还未建立征信数据库。国人的观念，也讲究量入为出，不具备超前消费的理念。客观上讲，中国还不具备规模化发行信用卡的土壤，即使是整个银行业，也还在发展的初级阶段。

中国信用卡的发展历程，如图 2-1 所示。

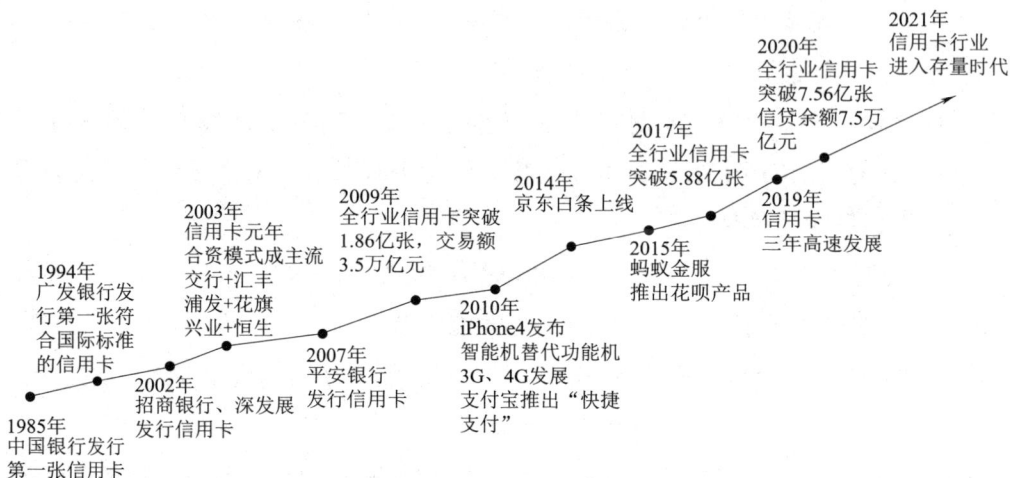

图 2-1　中国信用卡发展历程

业界认为，2003 年是信用卡的真正元年，未来 10 年是中国信用卡市场真正起步腾飞的阶段，发卡规模、客群覆盖都有了质的突破。到 2004 年左右，几家大行和股份行的信用卡中心陆续开业，也小有成绩。从数据和品牌上看，招商银行、广发银行较为出众，交通银行、中国银行、中国建设银行、中国工商银行、浦发银行则紧随其后。

这也是行业格局的第一次变阵。尽管四大行拥有无可比拟的网点优势和用户基础，但股份行却凭借更为彻底的机制改革和积极的运营策略，在信用卡这个单项上实现了弯道超车。

到 2009 年，全行业有 1.86 亿张卡，当年交易额约 3.5 万亿元。这个数据说明，信用卡在中国已成为一种比较常见的消费金融工具，行业发展取得了阶段性成果。

信用卡黄金 10 年 + 移动互联 + 跨界对手

信用卡起航 10 年（2000~2010 年），突飞猛进，形成了行业基本格局。

但谁也不曾想到或者预判到，接下来的新 10 年（2010~2020 年），是属于这个行业的黄金 10 年，可能也是最辉煌的 10 年。后无来者。

黄金 10 年，中国信用卡持卡客户从 1.86 亿到 7.5 亿，翻了 4 倍；尤其是 2017~2019 年高速发展的三年，行业呈爆发式增长，平均每年新增发卡近 1 亿张。

黄金 10 年，行业格局稳中有变，少数股份行后来居上，挤进行业前列。其中，最为亮眼的是平安银行信用卡中心，在"少跑"10 年的劣势下，凭借平安集团和银行的加持，一跃成为全行业交易金额第 2 名的股份行。

黄金 10 年，移动互联网技术诞生，改变了全行业，也深刻改变了信用卡。一是获客方式的线上化；二是支付方式去介质化；三是支付脱媒。支付脱媒，直接催生了银行的跨界对手"两条两呗"（京东金条 + 京东白条 + 蚂蚁花呗 + 蚂蚁借呗）。

中国经济的基本盘，造就了信用卡黄金 10 年。

如前所述，中国在 20 世纪最后 10 年及 21 世纪初，因为人口红利，成为世界制造中心。大量农村人口南下打工，推动中国工业化的进程。

伴随着工业化，中国大量的劳动力有了稳定收入，不再依赖种田种地维持生计，生活水平日益提高，每个家庭也逐渐积累财富，产生积蓄。有了积蓄，一部分农村人就想去镇上买房，镇上的去县城，县城去大城市，大城市去一线城市，这推动了中国几十年的城镇化进程，也是中国房地产市场繁荣的根源。

工业化拉动出口，同时推动大批农村家庭财富增长，进而促进中国城镇化进程，三驾马车（投资 + 出口 + 消费）在过去几十年形成增强回路，共同推动中国 GDP 的持续增长，如图 2-2 所示。

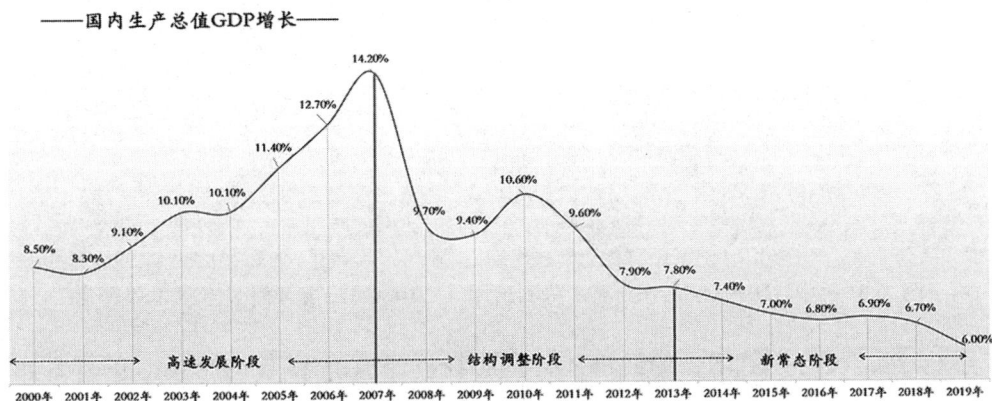

图 2-2　中国国内生产总值 GDP

中国 GDP 在 1978~2019 年，一路高歌猛进，在 2007 年其增速达到峰值，当年 GDP 增长率为 14.2%。整个 40 年的平均增长率约为 9.5%，虽然自 2007 年后的 12 年，增长率有所下降，但整体都保持在 6.3% 以上的增速。

40 年平均 GDP 为 9.5%，这在世界任何一个国家的任何一段历史中，都难觅踪迹，不得不说是经济发展史上的奇迹。

这样的基本盘和周期，对信用卡行业有何意义？

信用卡行业周期，深刻依赖中国经济的周期。2000~2010 年经济的高速发展，快速推动中国城镇化率，造就和沉淀了大量"城镇人口"，同时也造富了大量的城镇人口。这是中国信用卡在 2010~2020 年得以迅猛发展的最大原因，前 10 年经济发展累积"信用卡人口红利"，催生后 10 年信用卡行业的黄金阶段。

这样的观点，可以在数据上得到一些佐证。如果把中国 GDP 的折线图和中国信用卡新户增长趋势图叠加在一起（见图 2-3），我们能明显发现，信用卡 2010~2020 年新户增长趋势和 2000~2010 年 GDP 的 10 年走势趋于一致。而且，GDP 增长率在 2007 年达到峰值，信用卡新客户增长在 2017 年基本达到顶峰，两个波段先后轮动出现，相隔 10 年。这不是巧合，而是规律，是信用卡黄金 10 年的底层逻辑。

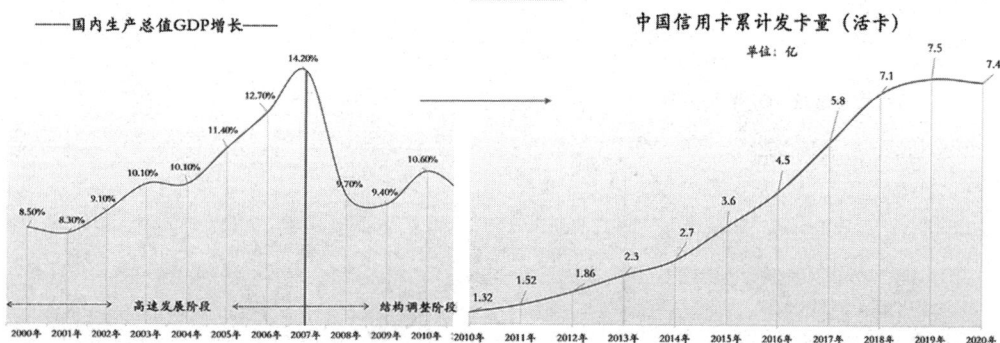

图 2-3 中国 GDP2000~2010 年走势和信用卡 2010~2020 年累计发卡量走势轮动

当然，没有一直增长的经济体，中国经济经历了 40 年的腾飞，在 2020 年出现了拐点，即使没有疫情，这个拐点仍然会到来，进入新常态。同样，中国信用卡经过 20 年的发展（10 年起航 +10 年黄金期），活跃卡数量 2019 年达到 7.5 亿张的顶峰，城市人均持卡量 1.88 张，渗透率接近发达国家水平，经济发展带来的人口红利逐渐消失，行业进入了存量时代。

我们再回头看看"存量博弈：2021 年是信用卡存量经营元年"这个论断，会发现这样的拐点绝非偶然，而是深深扎根于中国经济的周期。当我们理解了这个周期和趋势，理解了人口红利的消失，也才能理解为什么近几年信用卡行业这么难，也才能理解什么是真正的"消费者主权时代"，为什么银行要开始真正关注客户体验，精耕细作，抢占客户的钱包份额。

不是客户变了，而是时代变了。各行各业正在经历从人口红利向人心红利的转变，注定要比过去更加辛苦。

移动互联技术催生支付脱媒，带来跨界对手，"门口的野蛮人"

2010 年 6 月 8 日，苹果夏季发布会，iPhone 4 问世，"iOS"平台升级，移动互联时代横空出世。智能机开始大规模替代功能机，安卓和苹果系统渐成主流，3G、4G 的发展更加速推动了移动互联网的渗透。万物归"移"的新时代来临了。

2006 年，我大学毕业，那时主流手机是诺基亚，与外界的沟通方式为电话、手机短信、台式计算机 QQ 聊天、MSN。四年后，所有人抛弃诺基亚，开始使用小米、苹果、华为、三星等智能机。此后几年，中国智能机迅猛发展，出货量年年创新高，OPPO、vivo 手机后来居上，创造奇迹。

正是基于可"移动"设备的基础建设，以及 3G、4G 技术的发展，"移动互联网"才有了赖以生存的土壤。2010 年，微信诞生，并在 2012 年 3 月突破 1 亿用户，直到后来突破 10 亿用户。一时间，各行各业，诞生了各种各样的 App，争先恐后地去承接、截流移动互联网带来的流量红利。

2010 年，另一个流量巨头支付宝，推出了"快捷支付"功能，让信用卡行业如临大敌。"快捷支付"的用户体验和支付成功率都有了质的提升，原本就兼具支付和账户属性的支付宝向信用卡靠近了一大步。不仅如此，"快捷支付"让支付宝得以跨终端、跨银行地积累更多维度的数据，这让它在金融上的想象力惊人。

对于信用卡从业者来说，2010 年以后，被包括支付宝在内的支付巨头、互联网巨头带入了一个新的"战场"。这是一个与过去，甚至与世界其他国家和地区都截然不同的境况。

市场格局的变迁，往往都是从人才的流转开始的。

2010 年中，招商银行信用卡的一批信用卡领域的资深人士被批量挖到支付宝。当时，业界传言，支付宝正在谋划一个神秘项目，即将携带"核武器"杀入市场。

其实，从"快捷支付"开始，支付宝已经慢慢"侵入"信用卡的领地。当然，一开始还是以合作共赢的方式，比如，支付宝和腾讯先后与中信信用卡宣布推出"虚拟信用卡"。没曾想这个产品在官宣发布当日便收到了来自监管的问询，很快，跟二维码支付一起被叫停。不同的命运是，二维码支付后来悄悄恢复，但虚拟信用卡却一直搁浅。

后来，互联网巨头直接跳过了联合发行虚拟信用卡的模式，以花呗、白条为代表的信用支付产品横扫市场，直接把信用卡拖入了全新的战局。

2013 年开始，随着移动支付的普及和余额宝的横空出世，互联网金融以摧枯拉朽之势横扫市场。几乎所有的头部互联网公司都把触角延伸到金融领域，其中，以零售金融中的消费信贷、代销理财为主要切入口。

这一阶段，各个卡中心都有一大批中坚力量和青年骨干投身到互联网金融的大潮中，或加盟或创业。除了国内的信用卡机构，美国运通和 Capital One 也为国内的互联网金融行业贡献了大量的人才。

尤其在风控、运营、催收等关键部门，基本每个互联网金融公司都能找到几个有过信用卡从业经历的员工。到互联网金融发展的后几年，归国的前 Capital One 员工一个微信群都已经装不下了。

因为不管是从业务性质，还是作业方式，信用卡都与当时的互联网金融业务高度契合：纯线上、大集中、规模化的运营方式，以及先投入、获客、促活、亏损，再到突破盈亏平衡点之后盈利大幅增长的发展方式，都像极了互联网产业。

2013 年，曾在中国工商银行银行卡中心工作多年的许凌加入了刚刚成立的京东金融（后更名为京东数科）。在他的主导下，2014 年 2 月，京东"白条"上线。打着"先消费、后付款"的口号，"白条"一上线便引爆了市场，这也是第一款互联网消费金融产品。从体验上来说，"白条"与信用卡几乎没有差别，更有优势的是，它可以在一分钟内在线实时完成申请和授信过程。

"白条"成为京东金融的拳头产品，为其贡献了大量的客户和收入。直到2020年它冲击上市发布招股书时，"白条"仍是其最核心的业务和主要利润来源。许凌在内部也被称为"白条之父"，成为京东在金融板块最重要的话事人之一。

2014年的5月，陈劲向中信递交了辞职信，加入中国第一家互联网保险公司——众安保险任CEO。众安后来一度在信保业务上发力，互联网消费金融也是其重要阵地。

彼时，新金融浪潮已然汹涌而至，各类新型业态林立而起。除了互联网保险，首批互联网银行也在筹备中。2014年，信用卡界的元老梁瑶兰，以及同样先后在招行和中信任职过的曹彤加盟微众银行，分别担任副行长、行长。

因为互联网巨头在金融领域的强势扩张，以及金融科技本身与金融业态的融合渐深。2013年以后，信用卡的市场格局也有了一些微妙的变化。一些抓住时代机遇的信用卡中心或乘势而起、或拉大差距，还有一些则慢慢掉了队。

后者如交通银行，前者最有代表性的要数平安银行信用卡，凭借在金融科技上不遗余力地投入，以及集团内部多个牌照资源联动的优势，后来居上至第二梯队，大有更进一步的趋势。

典型如各类信用支付产品，它们已经兼具了支付和借贷功能，除了没有实体卡，几乎与信用卡无异。更重要的是，它们都基于巨头的生态实现了交易闭环，在用户体验上更有无可比拟的优势。

如果今天问一下年轻人，了解花呗和微粒贷的人恐怕要比信用卡多得多，这大概也是信用卡从业者万万没有想到的局面——自己最大的对手竟然是互联网公司。

"两条两呗"的存在，对于传统信用卡中心而言，犹如"门口的野蛮人"，这种危机感始终存在，挥之不去，一时间，也想不到办法赶走它们。

直到2020年，国家开始管控互联网金融平台，各家银行才稍微有了喘息之机。

移动互联技术，改变行业获客方式

移动互联技术，除给互联网平台插上了"支付脱媒"翅膀，也给信用卡行业的获客方式带来了改变。

随着移动互联网的人流变大，最开始在"微信公众号"上写文章的个人及"自媒体"都享受到了供不应求的红利。你回忆一下，自己一开始关注的公众号只有几个，只要质量稍微好一点，粉丝增长极快。当粉丝增长达到一定程度时，就会有广告主找上门，通过直接或间接方式推送广告，公众号享受到了的红利。

信用卡行业同样被这样的底层技术改变，只是有的银行跟进快，有的跟进慢而已。从 2012 年开始，很多银行内部，开始专门设立互联网获客部门，寻求线上获客的突破。

趋势红利都有窗口期，而流量平台本质上做的是广告公司的生意。一开始介入线上获客的银行，享受到了低成本和高产能的回报，但随着加入的银行越来越多时，竞价机制发挥作用，价高者得，使得线上获客的成本逐渐被抬高，产能随之下降。

移动互联网经济，本质上也是一种注意力经济。当我们每个人只关注几个公众号时，它们就是注意力中心，投放到上门的广告，转化率也会很高。然而，当你所关注的公众号有几十上百个，微信公众号数量超过 2 000 万个时，人们的注意力就被分散了，移动互联网的转化率就到了万分之几的水平，获客效率大大降低。

线上获客的成本一路飙升，直到和线下获客成本齐平，整个行业的获客方式变成"线上 + 线下"的模式。

其实，各家银行在寻求"线上获客"突破时，也从来没有放弃老本行"线下获客"。从实际的数据上看，移动互联网 10 年，各家银行线上获客占比全渠道在 10%~30%，从来都没有成为一个绝对主流的获客渠道。

● 获客新模式：线上线下 + 精耕细作

10 年移动互联网的发展，流量红利逐渐消失，线上获客成本高企，几乎与线下齐平。20 年信用卡行业的高速发展，渗透率对齐发达国家，人口红利消失，存量时代来临。

行业增长的方向在哪里？

答案显而易见，哪条路都不好走，哪条路都得走。信用卡行业的从业者需要清醒地认识到，未来我们既要在流量红利逐渐消失的线上渠道颗粒归仓，又要在人口红利消失的线下渠道精耕细作，还要借助技术进步，实现线上和线下的联动获客。

● 线上流量：各家银行与流量平台的获客实践

说起信用卡线上获客，就不得不提到细分领域的先行者，也是头部平台，即中国信用卡行业线上引流的开创者——51 信用卡管家。

2010 年开始，移动互联网浪潮催生社交平台、打车平台的同时，也催生了信用卡行业的账单管理平台。

2012 年，孙海涛和 4 个同事，在杭州城西一间小酒店住了一个月没回家，开发出 51 信用卡管家 App。

这款 App，解决了一个持卡人多家银行信用卡的账单的管理痛点。很多拥有两家以上银行信用卡的持卡人，由于账单日和还款日不一样，管理起来很麻烦，很容易因为疏忽大意造成晚还款甚至逾期，这给很多人造成了不小的困扰。但是，如果你愿意将你的邮箱密码共享给 51 信用卡管家 App，此困扰就会瞬间消失，它会将你邮箱里的多家信用卡账单整合，帮助你进行智能全账单管理，就像一个随身秘书，提醒你在约定的时间，按照约定的金额还款。

正是因为这一痛点，51 信用卡在短短两年内，迅速吸引了一批种子用户，积累信用卡数据，逐步完善了信用卡生态。

2014 年，凭借平台所拥有的一批信用卡高活跃客户，51 信用卡开始提供办卡服务、信贷介绍业务；自然而然，也成为各家银行线上引流争相合作的对象。

2014 年，我在平安银行信用卡中心网络获客部门工作，跟随领导前往杭州，亲自拜访过平台的创始人孙海涛。当时，他们还只是在杭州城西的一个创业园里，租了一栋两层楼的房子，干得风生水起。虽然领导和我讲，这家公司非常了不起，未来不可限量，但以我当时浅薄的认知，根本不相信这家公司有多大的未来，更不会想到，4年后的2018年7月13日，它会正式登陆港交所，成为一家名副其实的上市公司。

线上获客 CPS 模式

51信用卡管理平台，和各家银行开创和建立了线上引流的一种主流模式CPS，英文全称为 cost per sales。

意思就是，按照实际销售量结算，平台为银行每引流一个发卡客户，银行按照约定的价格支付费用。当然，为鼓励平台做多，银行会采用阶梯形式，每个月平台新户产能越高，CPS的单价就会越高。

这是各家银行线上获客的早期实践，在很长一段时间是主流模式。甚至，在近10年后的今天，这种模式仍然是很多银行线上获客的主流模式，生命力顽强。

这种模式，本质上是一种流量买卖生意，简单粗暴，门槛低。以至于但凡手握一定流量的平台都想参与进来，享受流量的即时转化，这其中，深度参与的平台包括随手记、融360等。同时，也有一部分信用卡从业者看到了这个小趋势，纷纷组团辞职，成立小型创业公司，利用行业信息不对称，转身做起了"信用卡流量"买卖中介的生意。

做简单的事情会越做越难。信用卡流量的买卖也遵循这个逻辑。当所有银行都竞相加入流量买卖大军时，竞价机制就会发挥作用。价高者得，A银行出价100元/新户时，B银行会出价120元/新户，C银行会出价150元/新户……行业的参与者，共同抬高了获客成本，直到价格高到单户获客成本和其他渠道趋于一致，这种流量买卖的优势才会消失殆尽。

作为供给方的流量平台及流量中介们，也同样面临压力。当价格不断高企，流量中介们的上游也会涨价，利润空间被压缩。自有流量平台也会担心流量枯竭的一天，随着客户向一家家银行转化输送，转化率也必然逐渐走低，转化获利能力也会逐日下降。

竞争的白热化，还导致一个新的问题。各家平台都想抓住这个窗口期，将手头的流量尽快转化，这使得每一股流量质量良莠不齐。不少银行发现，花高价买来的客户，激活率和活跃率都在下降，甚至出现大量僵尸客户。

成本高企，转化率下降，客户用卡意愿下降，这迫使银行线上获客部门不得不另谋出路。于是，一种新的线上获客模式即将诞生。

线上平台联名信用卡模式

简单的流量买卖模式带来诸多问题，各家银行开始认真反思，并寻找新的突破口。彼时，移动互联网经过几年的迅猛发展，每个垂直行业都形成了自己的生态，跨越临界点后产生了行业头部平台。比如，用车服务领域的滴滴，生活领域的美团、饿了么、美团外卖、京东到家，视频资讯领域的爱奇艺、腾讯视频，在线商超领域的京东、手机淘宝、天猫、盒马鲜生，线上旅游领域的携程旅行、去哪儿旅行，健康医疗领域如 Keep、小豆苗、小米运动，线上教育如腾讯课堂、得到 App、馄饨商学院、樊登读书会……

各家银行开始盯上这些头部平台，希望在对方的平台里，设置与平台强相关的权益和 offer，通过与异业的深度合作，在提升客户转化率的同时，提升客户黏性，最终有利于后续客户经营。

于是，与平台方合作发行线上联名卡的模式开始盛行，各类联名卡如雨后春笋般悄然上市。

以招商银行为例，先后发行不下 10 种联名卡，如招商银行王者荣耀联名卡、招商银行愤怒的小鸟联名卡、招商银行盒马鲜生联名卡、招商银行爱奇艺联名卡、招商银行大话西游联名卡等，如图 2-4 所示。

图 2-4　招行各类联名卡

图 2-4　招行各类联名卡（续）

　　浦发银行，作为移动互联异业联盟的典型代表，也与不少平台和 IP 合作，先后推出几十款联名卡。比如，浦发巧虎联名信用卡、浦发樊登读书联名信用卡、浦发淘宝会员联名信用卡、浦发 OPPO 联名信用卡等，如图 2-5 所示。

图 2-5　浦发银行各类联名卡

　　中信银行，也是近 10 年线上获客的先行者，甚至称得上此行业的鼻祖。2014 年，中信银行联合支付宝，发布了全新网络数字信用卡——中信淘宝异度支付信用卡，这是业界最早与互联网巨头合作发行的一张网络虚拟信用卡。虽然仅过了一天，央行宣布暂停网络虚拟信用卡和二维码支付，但这并没有阻碍中信信用卡线上突破的步伐。其后来还发行了中信得到联名信用卡、中信淘宝联名信用卡、中信京东 PLUS 联名信用卡等，如图 2-6 所示。

图 2-6　中信银行各类联名卡

看上去如此热闹的联名信用卡获客模式，效果如何？

据我所知，除招商银行王者荣耀联名卡发卡超过 100 万张外，其他联名卡获客数据并不好。

虽然看不到每一款联名信用卡的获客数据，但从各家银行彼时信用卡新客户的增长看，情况并不乐观。与各种线上平台联名获客模式，雷声大雨点小，品牌宣传价值大于实际的业绩效果，并没有为银行带来爆发式的增长，只是一个补充渠道。

这才会出现，上线的卡种很多，爆量的平台很少。

当然，出现这样的结果，并不意外。客观来讲，信用卡这款金融产品很重要，有两个固有特点，严重影响客户体验，很难与互联网无缝对接。一是信用卡的核卡率，会将至少一半的人拒之门外，那些没有信用记录或者信用记录不太好的人，银行没办法发卡。二是信用卡需要面签，即使通过线上核卡的客户，还得带上身份证到附近银行网点面签激活，这是监管的规定。这个动作，也导致流失大量客户。

正是因为这两个特点，在支付脱媒后，使得传统银行面对支付宝、京东这样的互联网巨头时，瞬间变成了"老古董"，完全无法和跨界对手竞争，何况它们还有天然的生态，这种"闭环生态＋支付脱媒"的天然优势，在客户体验上，完胜银行。

互联网平台与银行联营模式（线上平台联名信用卡模式 2.0）

10 年移动互联网高速发展，站在流量红利的尾声，以美团和京东为代表的互联网巨头们，升级了与银行的线上获客模式，迈向了"联营模式"阶段，我把它称作线上平台联名卡模式 2.0。

美团模式，在前面已有详细介绍。在这个模式下，流量巨头们负责向银行贡献流量，银行承担全部的获客成本，前期无须向平台支付费用，但需要根据协议约定，在后期的营业收入中，拿一部分收入分给美团等平台方。

也就是说，这些互联网平台改变了以前那种 CPS 模式及简单联名获客的模式，转而通过前期贡献流量，换取后续长期的分润模式。

仅从银行获取新客户的角度，这种合作效果可想而知。2018~2020 年，不到三年时间，美团向 12 家区域性银行累计输出约 1 000 万张信用卡，速度惊人。

我们能明显感受到，互联网巨头在这个阶段向银行输送流量，比以往任何时候都卖力，都有诚意。如果站在 2021 年这个时点往回看，互联网巨头们的这份诚意，显得很有远见。

为什么？坐拥流量的互联网巨头们，为什么不用自己的流量"喂养"自身的互联网金融生态，反而要向银行输出客户？

我曾经思考过这个问题，传统金融和互联网金融相比，没有天然的生态，客户体验也不够好，还剩下什么优势？我当时得出两个答案：一是牌照优势；二是资本金优势。第二个优势，是传统银行剩下的为数不多的核心优势了。

2020 年 11 月 2 日，中国银保监会、中国人民银行发布了网络小额贷款业务管理暂行办法（征求意见稿），正式释放信号，明确要求网络小贷公司注册资本不低于 10 亿元，跨省经营小贷公司注册资本不低于 50 亿元，且一次性实缴到位。同时，要求单笔联合贷款中，小贷公司出资比例不得低于 30%。这直接压降了互联网贷款平台的杠杆率，未来放款规模越大，资本要求越高，限制其高杠杆无序扩张。

所以，互联网巨头们向银行输送流量，与银行联合经营客户，参与经营分润，也是其经营策略的一种选择。其自身的金融生态日趋成熟，在国家强监管的情况下，发展空间有限。前瞻性的做法，就是利用自身流量优势，向具有资本金优势的银行进行转化，联合经营，资源利用最大化。当然，这其实也是两条腿走路，一方面发展自身的互联网金融生态；另一方面与银行联合，双保险，更稳健。

这就是信用卡行业线上获客的发展脉络。

一路走来，理想很"丰满"，现实却一直很"骨感"。我们是移动互联网的参与者，但整个信用卡行业，却没有在这股浪潮中获得自我突破，也没有真正享受到时代的红利。

● 直销渠道：信用卡直销的困局与变革

陌拜为王

无论移动互联网多么热闹，都没有改变行业的渠道格局。从 2002 年到现在，信用卡行业获客的主力，仍然还是线下渠道。线上渠道获客量占比，即使在最热闹的那几年，也都没有到 30%。信用卡行业的拉新，依然强烈依赖线下渠道。

遥想 2010 年，我刚进入信用卡行业。彼时各家银行仍在"跑马圈地"，都在各自的池子里挖掘客户，队伍到哪里都能找到目标客户。

在这样的市场中，陌生拜访（以下简称"陌拜"），自然而然成为这个行业最主要的销售方式，也是成本最低的获客方式。对银行而言，花钱雇用一批销售队伍，买断他们的时间，然后就有一个个的新客户进来。对销售人员来讲，但凡腿脚勤快一点儿，都能很好地生存下来。他们像"走商"，也像"毛细血管"，渗透到城市各个角落，去寻找他们想要的客户，他们付出的主要成本，是自己的时间。

他们主要的销售阵地，有街道（"扫街"）和一栋栋的楼宇（"扫楼"）。当然也包括一些建材市场、批发市场、工厂等。销售人员不需要太多技能，只要能讲话，有勇气的，都适合做这一行。当然，准入门槛自然也比较低。

到现在，我们都能经常听到，那些过来人，对当年自己在那个增量市场中骄人的销售业绩，有着无限怀念。他们迷恋信用卡申请表（2015 年以前，信用卡的申请表以纸质为主）用大麻袋打包的时代，一袋袋运回职场扫描，堆积成山，累并兴奋着。

尤其是 2017~2018 年这两年，无数的信用卡销售神话在行业里上演。优秀的销售业绩很容易让人产生错觉，也会给这个行业里的从业者们带去盲目的自信，很多人都以为是自己的销售能力，驱动了如此高涨的业绩。

直销困局

很少有人会将这种成功归功于趋势红利；也很少有人意识到，这可能是整个行业最后的"疯狂"。直到 2019 年，无论曾经的销冠们怎么努力，都拉不回掉头向下的业绩时，才有人意识到，真正的行业考验开始了。

那些在红利期依靠趋势做出来的业绩，注定会在存量时代靠实力跌回去。

从 2019 年开始（甚至 2018 年下半年开始），大部分直销从业者开始力不从心，他们沿用了十多年的"陌拜"方式，逐渐失灵。

往日马不停蹄奔波的街道、市场、工厂，已经找不到可以办卡的人。但凡够资格批卡的客户，已经被各家银行的销售人员询问多遍，都是多卡客户。

一个有意思的现象是，各个城市的临街商铺，每天都有几波银行信用卡销售人员轮番上门推销。在店主的茶几上，每天都留下一大堆的各家银行业务员的名片。甚至，在这些名片里，你能见到同一家银行不同小组的多名销售人员。

在这种密集的地毯式"扫街"营销下，如果还有客户没有信用卡，那他大概率不具备办卡资质。街头巷尾，留给直销队伍的客户池子，已经快干涸了。直销陌拜模式，逐渐进入死局。

面对无法持续增长的业绩，直销的管理者们焦虑，一线员工也一筹莫展，士气低落。那些嘴巴里高喊着"市场没有问题"的各级管理者，开始将压力层层下卸。他们开始把注意力转移到"人"身上，认为所有的不行，都是人的不行。于是，在内部开始逐层追踪、检视、问责，一部分的中层管理者、团队负责人被轮岗、撤换，往日的欢愉和自我感觉良好早已荡然无存，取而代之的是一种隐形的压抑和人人自危。

即使这样，也没有几支直销队伍能够从"人"这个视角里抽离出来，转而从商业模式的角度去思考破局之法。人是一个点，队伍是一条线，信用卡行业是一个面，经济环境是一个立体。如果将业绩的下滑仅仅归咎于人，那我们永远都会被困在系统里无法自救。"点线面体"，只有看到了"体"，我们才有可能找到破局之法。

遗憾的是，大多数的一线队伍带头人，由于长期做着简单且容易的事，在喊口号中麻痹自己，忘了修炼自身基本功，以致在面对真正的挑战时，缺乏破局的能力。

也应了刘润老师那句话，"这个世界上，放在我们面前的，通常不是正确的选择和错误的选择。而是正确的选择和容易的选择。而容易的选择，常常有毒。"

直销突围——异业联盟（场景获客）

令人欣慰的是，这个行业，也有一群敢于突围的生力军，在模式上进行了一些尝试。当"陌拜"不奏效时，我们应该思考去哪里找流量。

哪里有消费，哪里就应该有信用卡的销售机会。哪里有目标客户，销售队伍就应该去到哪里。和异业合作，收集与自己没有竞争关系的异业伙伴流量，为对方客户也为自己创造额外价值，成为信用卡行业可以借鉴的模式。

有一个其他行业的案例，很受启发。

早些年，北京有家创业公司叫"零时尚"。他们在社区里开了不少女装店，做得不错，快速发展，但几年下来也遇到了流量的天花板。

他们的目标流量是社区里的女性消费者，但光靠自己线下的女装店，无法满足增长的需求，需要向外寻找流量。他们清楚，社区里的女性消费者，除了在服装店，还在美发店、便利店和美容院里。于是，他们就和这些异业结成联盟，把这些的流量收集起来，创造了一种叫作"蝶衣 Box"的商业模式——和美容院合作。

美容院的员工与顾客有充分的信任和大量的交流时间。经她们推荐，顾客在一款 App 上，完成详细的身体特征识别，就可以申请免费试穿一盒专门为她搭配的衣服。

几天后，顾客再去美容院时，一盒几十件衣服已经送到。顾客一件件试过去，照着镜子感受专业搭配带来的惊喜。很多顾客忍不住就买了不少。这个模式，受到美容院的极大欢迎，也给"零时尚"带来了非常可观的业绩。

还有一个异业联盟的例子，是百果园。

2018 年，有一次我在惠州白云前加油站加油。当我走进便利店付款时，发现店里有两个制冷货架，上面摆满了各种水果，再抬头一看，居然是百果园。

这给了我很大的启发，作为水果连锁的王牌百果园，不满足于本已坐拥的店内流量，拼命向外突围，到异业去寻找业绩增量。信用卡行业，也完全可以学习它们，做一些这样的尝试。

2018 年，我负责惠州一家信用卡分支机构经营，受异业联盟模式启发，首次和当地一家百货商场"丽日百货"尝试异业合作。彼时，银行信用卡中心还没有从"陌拜"模式中回过神来。这样的合作，外人看上去不值一提，但在银行内部却有些挑战，尤其是流程和成本的突破。

信用卡直销销售人员，本身有一套成熟的基本法来核算薪酬。对于习惯了"陌拜"和单打独斗的队伍而言，想要说服他们走进商场销售信用卡，难度很大。如果商场驻点的租金，还要队伍自己承担的话，这种不确定的风险，他们更不愿意承担。所以，我刚开始并没有让直销队伍来做尝试，而是让其他协销渠道的人员来参与执行。

客户层面，有何利益可以促动大家踊跃办卡呢？

传统做法，客户办一张卡，业务员自掏腰包送一个礼物，价值不超过 50 元。但随着竞争的激烈，客户对低价值礼物越来越不敏感，这次尝试必须在客户利益上加码突破。

可是，钱从哪里来？我们手头上有两部分资源，一部分是对外引流的 CPS（cost per sale）费用，标准价格约是 150 元（100 元 / 新户 +50 元 / 首次用卡）；

另一部分是总部市场部给分支机构新户营销费用，原则上每户投入不超过 25 元，特殊情况下不超过 50 元。这两部分资源，在银行内部分属销售费用和市场经营费用，向来都是分开使用，没有人去尝试整合。

这 200 元的资源，必须加以整合，才能够使得模式有吸引力。最后，我们通过两份合同实现了。一份是与"丽日百货"合作引流合同，现场每成功发卡且用卡的客户，银行向"丽日百货"支付获客费用 150 元；另一份合同，则是一个特惠商户合同，每一个新客户在"丽日百货"消费，银行给"丽日百货"补贴 50 元。当然，对于"丽日百货"而言，它收到这笔钱，并不会真正揣进自己的口袋，而是通过 200 元"丽日百货"购物卡的形式，回馈现场办卡的客户，让客户受益。

所以，这个合作，最后呈现在消费者面前的，就是"办信用卡，2 元购 200 元丽日购物卡"，非常具有吸引力。

这个模式为什么可行？

核心在于三方受益，消费者得到实实在在的好处，力度还不小；商场提升自己的销售收入，给消费者的购物卡，成本实际上由银行买单；银行借助商场的流量及强相关的购物卡，获取了新客户。

但是流程方面，会面临问题。由于客户申请办卡的链接，是银行给到第三方的网上申请链接（非面对面网上申请模式），客户通过该链接批卡后，按流程需要由银行的人员帮助激活（监管规定：银行获取信用卡新客户，必须面签，行业叫"三亲"，即亲核、亲访、亲签），无法自助激活。但我们派驻的人，非直销人员，没有激活资格，不能帮助客户激活。但如果客户现场无法激活，不能即时拿到购物卡，活动吸引力和效果将大打折扣。

于是，我们向总部特殊申请，给现场派驻的人员开通激活资格，完美地解决了流程问题。客户现场核卡后，工作人员把卡号后 4 位填写在一张纸质的防伪领用券上（银行系统未与"丽日百货"打通，客户在"丽日百货"消费时，无法识别是新客户还是老客户，避免少部分人冒领），客户拿着银行给到的领用券，去"丽日百货"收银台，通过微信支付 2 笔 1 元钱，获取 2 张 100 元购物卡，如图 2-7 所示。

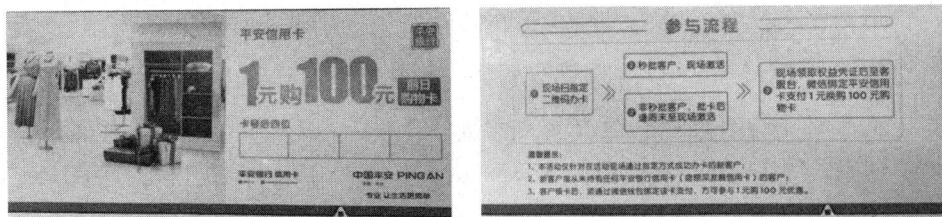

图 2-7　2018 年"丽日百货"场景获客领用券

至此，信用卡异业联盟 1.0 版本几经周折，通过成本和流程的突破，加上一些手工方式，成功上线了。项目短时间内，在"丽日百货"这个异业场景中，获取了几百位新客户，客户首次用卡率接近 100%，算是行业模式突破的一次小实践。

几乎同时，各家银行的直销队伍都在场景中寻求异业联盟合作。很多模式都超越了"丽日百货"。

其中，最常见的是购物中心驻点。

从 2018 年下半年开始，随着各家银行内部财务模型的灵活，信用卡直销队伍开始进驻购物中心。在一二线城市的大型商场、超市里，你一定能见到银行的工作人员，邀请你办理信用卡。一开始，这种驻点模式是简单的场地租赁，商场将指定的地方出租给直销队伍，队伍支付租赁费用后，进场营销信用卡，如图 2-8 所示。由于这种模式门槛较低，很快同业相互模仿，商场成为特别吃香的甲方市场，租赁价格被各家银行迅速抬高，高到队伍勉强能维持盈亏平衡。

图 2-8　银行场景驻点模式

后来，商场驻点模式有了一些变化，朝着互惠互利的方向迭代升级。

一些商家开始注重更长远的利益，相较于一次性的租赁费，它们更看重银行能不能将信用卡客户引流到商场消费。因此，这种合作模式变成，银行拿出一部分资源与商家共同开展消费打折活动，促动一部分老客户到店消费，提升商户的销售收入；作为交换，银行直销队伍免费进驻商家，获取新客户，互惠互利。

除了商场超市，餐饮行业也是银行获客的重要阵地。

与商超模式类似，银行与餐饮商家合作，通过让利打折方式，让银行的存量持卡人到店消费，为餐饮引流。同时，通过给予新客户更大力度的优惠，在客户用餐现场获客。当然，这时的客户体验，已经有了一定程度的提升。客户当场批卡后，可以直接在银行的 App 上领取优惠券，然后在消费结账时直接抵扣。银行的券化能力，通过系统开发，以及接口输出得到一定的提升，客户领券后可直销抵扣核销。

最近几年，随着消费升级，餐饮更是成为各家信用卡机构的必争之地。但凡有流量的餐饮商家，都是银行争相合作的"香饽饽"，甚至形成了"围攻"之势。你只要稍微留意，就会发现，很多餐饮商家的收银台前面，被各家银行的优惠台卡"霸占"，形成一道独特的风景线，如图 2-9 所示。

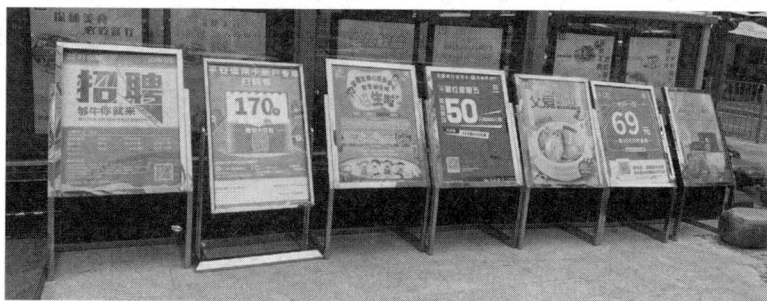

图 2-9　深圳一连锁餐饮门店的银行优惠立牌

在同业风风火火地开展异业合作时，有一支信用卡队伍，一直坚持着自己的模式——团体办卡，他们是曾经的汇丰银行信用卡直销队伍。据说，他们是这个模式的开创者。相较于"陌拜"而言，他们一直选择走进企业，为企业员工提供下午茶点，同时通过 20 分钟的路演，讲解和推荐信用卡产品。广发银行也将这个模式发挥得淋漓尽致。

这种模式的优势在于，企业员工资质都比较好，信用卡审批率也很高，后续客户消费能力和风险抵御能力比较强。而且销售时间比较充分，客户对信用卡产品和权益的认知程度更高，后续黏性也会更高。

切入一个真实案例。2019 年底，我曾经带队到惠州口腔医院团办，讲解车主卡 110 万"驾乘意外险"权益，现场 40 名员工全部办卡，38 名成功核卡，后续消费和黏性都很高，如图 2-10 所示。

图 2-10　下午茶团办实践

这种模式，也有弊端，需要队伍有对公合作和谈判的能力，这是大部分直销队伍的硬伤和短板。同时，这种方式，获客效率相对低下，不如场景获客简单直接。然而，在"陌拜已死"的信用卡零售市场，这不失为一种值得不断打磨的模式。只是这对队伍的要求的确很高。

真场景与假场景

随着场景获客模式的百花齐放，一种"真假场景"之辩也随之而来。不少信用卡机构内部，认为通过花钱驻点，在商场、写字楼通过实物礼品吸引客户办卡的方式，是一种假场景。而将与场景具有强相关的权益作为主要卖点，视为一种真场景。

这有一定道理，但不接地气，更可能是一种形而上学的文字游戏。如果我们仔细观摩一次真实的信用卡销售，可能就会有不同的答案。

在购物中心、写字楼等物理空间出现的客户，可以分成两种：一种有目的；另一种没有目的。有目的的客户，不容易被其他事物吸引；没有目的的顾客，注意力比较涣散，如果商家的广告牌及品牌 Logo 设计不够打眼，消费者会直接忽略。所以，你会发现，但凡能吸引你的品牌 Logo 或者门楣广告，基本符合以下几个特点：（1）色彩纯，反差大；（2）字体大，声音大；（3）压倒性的广告投放。比如，白底红字品牌：西贝莜面、名创优品、优衣库等大抵符合这个原则，都是经过非常专业的品牌营销设计。不信你可以去学习一下华杉、小马宋的品牌营销课。

此外，商场、超市也有常人意识不到的专业动线布局，商品货架陈列也很讲究。专业的设计，会使一个自在的消费者，走到商家想要他去的地方，购买商家主推的产品。甚至，零售从业者们，连消费者进门先迈左脚还是右脚，先往右边看还是左边看，都研究得非常通透。根据零售行业的专家黄碧云的经验，大部分人的习惯，进门先迈左脚，同时向右看；同一种休闲食品，放在右边，比放在左边的购买率，高出 7%~10%。

你看，零售和金融零售，隔行如隔山。传统银行在这样的场景下营销信用卡，要想吸引客户，必须要有堆头，要有吸睛的实物礼品。虽然这些都是引流品，也被部分人诟病，但如果你连这些都没有，消费者连看都不会看你一眼，更别说停下来，听你讲解信用卡权益。

实物礼品，是信用卡营销人员"拦截"客户的工具，是让一个陌生人停下来的"抓手"。虽然看上去有些不入流，但确实是必须遵守的场景营销逻辑。没有实物礼品打前阵的场景营销，是远离一线的管理者们的乌托邦，其实战效果可想而知。

很多人会担心，客户是因为礼物而非信用卡权益办卡，得到礼物后就不用卡了。这本质上也不是礼品该"背的锅"，银行得问问自己，你的权益为什么不吸引人。一款信用卡产品，客户不认，销售不讲，对手不恨，应该要打产品部门的板子，和场景没有关系，和实物礼品更没有关系。

一款好的权益，选对目标客群胜过选场景。选场景，本质上是为了找到对的客群。虽然我们不否认场景的重要性，但要看到，本质上是在选客群。而且，人们似乎混淆了一个概念，认为不同场景进来的客户，后续用卡黏性甚至是忠诚度，有天壤之别。

这显然有些想当然，我们自己也是消费者，当我们决定购买一款产品和服务时，品牌和销售场景起着关键作用；但当我们决定是否长期使用时，销售场景已无足轻重，起着决定性作用的是品牌和商家服务的能力。

追本溯源，一家银行信用卡的客户是否长期活跃，是否有忠诚度，本质上是由它的品牌力、服务能力、权益能力决定的，和场景的关联性较弱，毕竟信用卡是高频多场景的支付工具，不仅仅靠临门一脚。这就好比是一对男女相亲，始于颜值，陷于才华，忠于人品，能否长久幸福的密码绝不是一见钟情的外表，而是两人相濡以沫，靠的就是人品。

一句话：权益有好坏，场景无真假。将解决痛点的产品，卖给有需要的客户，就是场景。

有益尝试：解决顾客出行痛点，促进高频消费，赢得客户

业内也有部分团队，不纠结场景，而是聚焦客户的需求和痛点，设计出对应的产品权益，先行一步，做出了有益的探索。

比如，某家银行信用卡深圳团队，瞄准了写字楼、科技园区、地铁口附近的年轻上班族，平均年龄 30 岁左右，是信用卡消费的主力军。这群人每天上下班的主要出行方式是地铁。于是，这家信用卡机构设计了一款信用卡权益，1 分钱坐地铁，申办信用卡送 50 次 1 分钱坐地铁。

该款权益上市后，赢得了一部分年轻人的青睐。结合这款权益，他们的直销队伍围绕科技园区、地铁周边写字楼，主推这款产品，获客效果不错。据了解，客户的用卡表现也很好，由于绑定了乘车支付，很多人把这家银行信用卡作为移动支付时的首选卡片，同步拉动了其他消费。一个新客户，在 90 天内使用一家银行的信用卡超过 50 次，后续留存的概率大大增加。这种设计是行业里的一股清流，通过提供解决痛点的产品权益，把获取新客、客户活跃、场景巧妙融合在一起，的确是一种有益的探索。在这样的基础上谈场景才有意义。

OTO（线上线下打通）——信用卡直销模式的迭代升级

OTO，即 online to offline，这个词在我印象里，最开始出现在"千团大战"，现在是一个被用滥了的互联网词汇。不管它的本质是什么，这种模式对于当下的信用卡行业，显得尤为重要，受到前所未有的重视。

为什么？因为流量更珍贵了。线上流量红利褪去，线下人口红利衰减，使得各家银行信用卡比以前任何时候都更珍惜每一次的申请流量，颗粒归仓。

以前，线上流量充裕，行业竞争不充分，简单的流量买卖可以大行其道。客户端，线上申请一张信用卡，需要填写一份完整的申请表（行业称"全表"），字段较多，约有 18 个，客户体验并不好。但在卖方市场下，改善客户体验显得并不迫切。

2019 年开始，这样的格局逐渐发生了改变，信用卡消费者掌握了真正的主权，"全表"模式客户的申请转化率持续走低，18 个字段的填写，在各个环节衰减严重。这迫使银行开始真正重视客户线上申请信用卡的体验，同时升级了此前的 OTO 模式。

招商银行信用卡，在这方面走在前列。它们率先将"全表"模式，压缩为"简表"，将 18 个申请字段直接砍为 5 个，客户只需要填写姓名、身份证、手机号码、地址即可完成申请，大大缩短了填写时间，体验更好。同时，为承接这部分线上流量，招商银行对线下模式也进行了升级。原来客户在线上成功申请一张信用卡，还需要到银行线下的物理网点去激活；现在银行提供上门服务，由直销队伍上门为客户补齐资料并激活，这也极大地提升了客户体验。

所以，银行直销队伍的获客模式，也有单一的纯线下获客，变成"线上 + 线下"，机构用线上流量赋能线下队伍。据了解，招商银行直销队伍有约为 50% 的新户产能来源于线上流量转化。

也有一部分银行，直接在直销渠道里，分裂出一支"服务团队"，专门承接线上流量转化，提供 OTO 服务，有点儿类似于金融界的"美团骑手"。

这是信用卡直销模式，在存量时代的升级、改变和价值，值得期待。

● 银行渠道：银行网点为信用卡引流的意义

银行网点是最传统的获客渠道，也是银行安身立命的根本。当整个银行业还处在对公为主的时期，零售银行在单位内部，人微言轻。也很容易理解，在对公时代，银行将资本金投放给公司企业，效率更高，获利更好。

从组织架构上，一开始信用卡团队只是隶属于银行零售模块下的一个部门，有的连独立的部门可能都不是，有一种"寄人篱下"的感觉。甚至到现在，在某些股份行和大部分的城商行，你还能见到这样的架构安排。

2002 年招商银行设立独立的信用卡中心，也是国内第一家独立的信用卡机构。此后几年，先后有几家银行也成立了相对独立的卡中心。但是，无论是设于其他部门之下，还是独立设置，对于大部分的银行网点，信用卡都不是重要的业务，在相当长一段时间内，二者都各自为政，存在严重的壁垒。

随着信用卡业务规模不断增长，一些银行尝到了信用卡带来的甜头，有一些银行更是看到了信用卡业务的战略价值，开始从顶层重视信用卡及零售业务。于是，银行物理网点开始真正成为信用卡的重要获客阵地；有的银行，通过考核机制的安排，驱使分行管理层重视信用卡，为信用卡真正输出资源，对信用卡获客、利润等指标负责。

广发信用卡广州分中心的做法，值得借鉴。他们在直销渠道之外，建立一支分行渠道的地推队伍，有四五百人。这支队伍，一年信用卡新户产能在 30 万张左右，非常厉害。可是，这些人从哪里去获取新客户呢？如果还是依靠"陌拜"或者场景获客，和直销渠道又有什么区别呢？

这支队伍主要对接广发银行广州分行的对公客户资源。即广州分行将自己的公司客户（主要为贷款企业），输送给这支队伍，由他们进入企业，通过下午茶等形式，向这些企业的员工营销信用卡。这样的资源利用非常充分，获客效率也特别高。

虽然同为一家银行，可广州分行和信用卡广州分中心毕竟属于不同的职能部门，肯定有壁垒，他们为什么有动力进行资源共享呢？原来，广发银行总行为提高分行推动信用卡业务的积极性，在考核上做了一定的设计。信用卡广州分中心的全年利润，全部算给广州分行，即广州本地信用卡业务赚取的利润，在财务上全部算着广州分行的利润，合并计算。显然，这对于广州分行完成全年利润指标，是极大的利好，所以才有绝对的动力向零售信用卡输送自己的对公资源。

除广发模式外，其他股份行也在不断推动分行（网点）渠道加持信用卡业务。一方面，对于进入银行网点的客户，渗透信用卡变成厅堂营销人员的必选动作，支行行长对进店客户渗透率指标负责，做得好的银行，进店渗透率高达 70%；另一方面，针对已持有本行的借记卡客户，推荐本行信用卡。

还有一些银行，为增加分行与信用卡的融合，直接让分行行长对信用卡分支机构的 KPI 负责，通盘统筹协调属地资源，做大零售业务。

分行网点做大信用卡意义，显而易见。

首先，在零售转型的大背景下，信用卡显然是零售银行的主战场。客户规模短期内增长速度快，信用卡手续费收入能改善银行收入结构，增加中间业务收入。更为重要的是，信用卡贷款在银行全量贷款占比的提升，能降低银行对基建贷款、个人住房抵押贷款的过度依赖，提增银行的竞争力。

其次，对于已持有本行借记卡的客户，推荐一张信用卡，意味着客户持有产品数增加，会更有利于单一客户对银行的黏性，也能进一步促进存款、理财业务的增长。有数据表明，客户越是经常使用一家银行信用卡（越活跃），其在该家银行的资产也越高，这种趋势在客户资产超过 5 万元后会更加明显。

最后，更具战略性的原因是，在数字化转型的今天，未来银行必须拥有大量有用的数据资产。而这方面，信用卡客户有着天然的优势。没有任何一类银行客户，可以像信用卡客户一样，将自己的吃、穿、住、用、行的大数据，通过信用卡支付，沉淀在银行的数据库。毫无疑问，这是极具竞争力的数据资产。

● 保险渠道：代理人队伍规模衰减阵痛

保险代理人，本身是信用卡持有者，其作为信用卡客户推荐客户（member get member，MGM）推荐人，曾经也是行业里一道靓丽的风景线。

靓丽，是因为这一群代理人，为一些银行信用卡业务的发展，做出了卓绝的贡献，立下了汗马功劳。独特，是因为这样的代理人模式，行业里少见，只会出现在那些全牌照的金融集团和保险公司控股的银行，如中国平安、中国人寿。

在鼎盛时期，据说中国平安的保险代理人有 140 万人，每一千个中国人中就有一个是平安保险代理人，这样庞大规模的队伍，销售能力极强。试想，如果每人每月推荐办理一张信用卡，平安信用卡每月就有 140 万名新客户进来，一年就可以增加 1 680 万名。虽然这是一种不严谨，也缺乏业务逻辑的推算，但这个渠道为信用卡带来的新客户，不容小觑。如果你还有印象的话，1 000 万级别的信用卡新户，即使是美团这样的流量巨头，在用心运营的前提下，也要不辞劳苦干上一年半载。保险代理人队伍办理信用卡的威力，可见一斑。

事实也是如此，平安寿险代理人，通过 MGM 方式，为平安信用卡的快速发展和迅速崛起贡献了关键力量。平安信用卡现有 6 000 万的客户池子中，平安寿险渠道的贡献绝对占有一席之地，很有可能是最大的一席。

中国人寿集团作为广发银行最大的股东，全国拥有代理人约 50 万，也采用 MGM 方式向客户推荐信用卡，一年为广发银行输送信用卡新客户约 30 万，也是一个有力的补充。

然而，那些曾经使你成功的原因，必将成为阻碍你进一步成功的绊脚石。

2019 年以来，随着保险市场的竞争加剧，一些腰部及尾部保险公司崛起，头部保险公司遭遇挑战，代理人开始从头部保险公司流向后起竞争者。2020 年的疫情，则进一步加剧了这种情况。只不过这一次，保险代理人更多的是从保险行业向其他行业流失。这次疫情，并没有像我们推测的那样，会增加人们购买保险的概率。相反，很多人因为收入下降，选择延迟购买保险；很多已经缴纳保费的投保人，也选择不续缴保费，这使得保险公司的续保率不断下降，一些代理人开始感受到在这个行业生存困难，纷纷选择改行。

老员工不断流失，新员工生存困难，这是 2020~2022 年大部分保险公司的现状。这也直接导致了某些银行寿险渠道获客艰难，新户规模同比呈断崖式下跌。

如何破局？

中低端保险市场，已然红海一片，竞争激烈。高端保险市场，还是蓝海。寿险渠道信用卡的发展，也应该从高速发展转型向高质量发展，过去一年几百万新户的巅峰阶段，注定一去不复返。我们更应该关注一张信用卡，给代理人和投保人带去的实际价值。

● 零售金融转型：青岛银行信用卡经营启示

零售转型，是近些年不少银行的重要战略。随着对公业务多年发展和充分竞争，瓶颈日趋凸显，商业银行想要有新的增长点，必须把多年荒废和忽视的业务板块中心拿起来，恶补零售金融这一课。招商银行在零售银行的成功，也为各家银行打了很好的样板。各家银行为追求第二增长曲线，零售突破自然成了必由之路。

零售转型，首选信用卡业务。

因为信用卡客户的高频消费，使得其天然具有高活跃和高黏性；同时，信用卡是一款最轻的金融产品，客户容易申请，银行短期内也可以快速获客，提增零售客户规模。所以，很多银行将信用卡作为尖兵业务，倾斜资源，毕其功于一役。

正因如此，才会出现十几家城商银行"围攻"美团的盛况。

本书一开始，我们讨论过流量巨头美团为各大城商行引流的案例，青岛银行赫然在列。单从财务成本的视角，我并不看好这样的合作，因为这可能很不经济。但是，如果我们把这种合作，放在青岛银行零售转型更大的视角，就能发现一些零售转型的积极因素，给我们一些有益启示（见表 2-1）。

表 2-1　青岛银行信用卡增长趋势

信用卡	2018 年	2019 年	2020 年
新发卡（万张）	18	130	73
一美团渠道	14	104	59
一支行网点	4	26	15
流通卡（万张）	18	130	204
交易金额（亿元）	—	189	357
透支余额（亿元）	5	35	54
营业收入（亿元）	—	1.43	4.27

数据来源：青岛银行年度财报。

从青岛银行的年报中，我们整理了一些信用卡业务相关的数据。2018 年青岛银行开始与美团合作发卡，两年多时间累计发卡超过 177 万张，加上支行网点的获客，流通卡累计 204 万张。

那么，这两年间，青岛银行零售客户数增加了多少呢？从 2018 年的 458 万，增长到 2020 年 632 万，增加了 174 万，增幅 38%。204 万张信用卡和 174 万零售客户的增加，足以说明，这家银行零售客户的增长，绝大部分来源于信用卡客户。短短两年，青岛银行通过拥抱美团，借助信用卡业务，实现了零售客户规模 38% 的增长，引得其他城商行竞相模仿。

除了客户规模的增长，我们还发现信用卡透支余额从 2018 年的 5 亿元，增长到 2020 年的 54 亿元，占比零售贷款余额的 8.9%。信用卡交易，贡献"托管及银行卡手续费"，该项收入也从 0.35 亿元提增至 1.70 亿元（见表 2-2）。

表 2-2　青岛银行信用卡对零售金融的意义

信用卡	2018 年	2019 年	2020 年
流通卡（万张）	18	130	204
零售客户数（万）	458	556	632
信用卡客户占比（%）	3.9	23.4	32.3
信用卡透支余额（亿元）	5	35	54
零售贷款余额（亿元）	414	545	608
信用卡贷款占比（%）	1.2	6.4	8.9
信用卡营业收入（亿元）	—	1.43	4.27
一托管及银行卡手续费（亿元）	0.35	1.31	1.70

数据来源：青岛银行年度财报。

这两项数据的产生，有何积极意义？

信用卡透支余额占比的提升，有利于改善银行整体的资产结构。零售转型，本来就是要压降基建类贷款和个人住房按揭贷款在所有贷款的比例，提升个人消费类贷款的占比。显然，青岛银行的方向是对的。

而中间业务收入（如"托管及银行卡手续费"）占比的增加，可以优化银行的收入结构，降低银行营业收入过度依赖重资本投入的怪圈，提升银行的竞争力。虽然该项收入尚小，但随着信用卡交易规模的提升，未来必将真正起到改善和优化银行营收结构的作用。

为什么一直强调，资产结构和收入结构的改善，是零售转型的里程碑和落脚点？大概有以下两个原因。

第一，中国银行业的盈利中，政策红利是重头戏，未来可持续性较低。

过去这么多年，中国银行业的高赚钱能力，到底来源于哪里。从微观业务上看，最赚钱的主要有企业贷款中的基础设施行业贷款、建筑业贷款和房地产贷款；居民贷款中的住房抵押贷款和消费信贷。像制造业、批发零售业的贷款都是流动性短期贷款为主，不良率偏高，基本不赚钱。

而在这几类贷款中，住房抵押贷款和基础设施行业贷款，都有政策红利的影子。比如，中国住房抵押贷款，首付高，房价稳定，老百姓储蓄率高，不良率超低，只有0.3%，比美国的2%、澳大利亚的1%都低一大截。而这块业务没什么市场竞争，利率相比其他国家也要高一些。

反过来讲，中国银行业的利润中有万亿级别的政策红利。但随着大规模城市化的结束，房贷规模增速下行，以及抵押贷款利率处于下行通道，这样的红利在可见的未来，也会经受挑战。

基础设施行业的贷款，期限长，收益率稳定，不良率极低，也是重要的盈利来源。这一块其实并不是严格意义上的企业贷款，而是我们平时所说的"地方隐性债务"——地方政府融资发债受到严格限制，远不足以支撑地方政府的基建投资需求，所以，它们会通过城投债、信托等非银机构和银行贷款来获得资金，这就是地方的隐性债务，这里面银行贷款是"大头"。

但一个很现实的问题是，现超过半数的基建投资，以水利和公共设施维护为主，具有公共产品或者准公共产品性质，项目没有现金流支持，对应的贷款质量其实很差。但银行和地方平台企业间形成了某种形式的"双赢游戏"，平台公司凭借地方政府信用不断地从银行获得支持，用于付息或者新增投资，银行通过给地方政府平台连续融资，使得平台可以缴纳利息，银行获得可观的利息收入。

但这个游戏不是没有成本，本质上，它是新债付旧债的息，拆东墙补西墙，会越垒越高，最终地方政府的债务负担越来越重。这部分贷款的不良率，肯定是大大高于账面数字，只是暂时"以时间换空间"，还没有浮出水面，如果没有足够的增长来消化这些债务，未来终究需要买单的。

也就是说，哪家银行基础设施类贷款越多，隐患越严重。

第二，收入结构多元化，对政策红利依赖小，能为银行赢得未来竞争力。

如果大家关注银行业股票，会发现银行股估值，一般不用市盈率，而是用市净率（PB）——也就是每股股价和每股净资产的比例。这是因为银行和一般企业不同，它主要是负债经营，自有资本不多，杠杆率很高，所以，利润波动大。而银行的账面净资产（B）可以决定银行业务能拓展到多大，决定未来现金流及未来收益。所以，看银行用市净率更靠谱。

如果一只股票的市净率（PB）小于 1，意思是说，现在股市上能打折买入这个企业的净资产。2020 年底，A 股银行的平均市净率是 0.64，也就是说，现在买中国银行业的净资产，平均六四折。

从 2010 年开始，银行市净率就进入下行通道，但有三家银行：平安银行、招商银行和宁波银行打破了这个"魔咒"，在 2014 年后市净率开始调头向上。现在三家银行的市净率分别达到 1.3、1.8、2.1，远高于平均水平 0.64。

这三家银行，招商银行一开始就定位零售银行，平安银行过去几年也坚决进行零售转型，宁波银行也是。零售转型带来收入结构的改变，逐渐摆脱对政策红利的依赖，市场估值也相对较高。如果你仔细去看三家银行的业务结构，就会发现它们的非利息收入（中间业务收入）和非房贷的个贷业务占比较高（如宁波银行 2020 年个人业务收入占比 37.64%，高于公司业务 35.38%），这意味着它们的收入来源相对多元化，对政策红利的依赖也较小，因此也更具竞争力。

一个有意思的现象可以说明这些银行的质量。你会发现，越是不良率低的银行，拨备覆盖率越高。比如，宁波银行的不良率只有 0.8%，但是拨备覆盖率高达 516%——意思是每一元钱的不良贷款，后面有 5.16 元钱在支持。这意味着这些经营比较好的银行在隐藏利润。

2020 年前三季度，宁波银行报告的利润为 112.7 亿元，不良贷款为 51.8 亿元。如果按照 A 股银行平均 269% 的不良拨备，宁波银行只需要拨备 139.3 亿元，但实际上它们的拨备为 267.6 亿元。也就是说，宁波银行超额拨备了 128.3 亿元。考虑到宁波银行的资产质量，真不需要这么多的拨备，超额拨备 128.3 亿元，其实就是隐藏利润，足见银行的实力。

● 下沉市场：信用卡到底有没有下沉市场

随着存量时代的到来，银行获取信用卡新客户日趋艰难，自然而然，从业者们就会思考，在成熟市场之外，是否还存在一个空白的市场。

看到互联网巨头拼多多、快手的横空出世，以及蜜雪冰城（营收规模最大的奶茶品牌）万店规模的快速崛起，银行从业者们也摩拳擦掌，开始谋划到下沉市场去获取信用卡客户，以此缓解业绩增长的焦虑。

"谋定而后动，知止而有得"，企业决策如同作战用兵，必须三思而后行。在出发前，我们必须搞清楚，信用卡到底有没有下沉市场？

第一个问题：下沉，是模式复制，还是创造新的市场？

在中国，所谓的"下沉"很多时候是指地域的下沉，比如一个业务从一二线城市逐渐拓展到三四线城市。从本质来讲，我们需要思考，沉下去是将现有信用卡模式复制渗透，还是创造一个新的、原本不存在的市场，进而做得更大、更新？

如果我们只是在下沉市场做模式复制，就需要问自己。我们在一线城市能盈利的模式，到四五线市场还管用吗？会不会失灵？很多人认为四五线城市存在丰厚的市场，对信用卡行业而言却是一个极大的问号。实际上，下沉市场的GDP增长并不高，经济也不是很活跃，持卡人的消费水平肯定比不上一二线城市，沉淀的客均贷款余额也不高，如果再考虑更低的生息可能及更高的风险，在下沉市场沿用现有的信用卡盈利模型，则会陷入"美团信用卡模式"怪圈，带给银行的可能不是业绩增长，反而是一个新增的负担。

如果不是模式复制下沉，那么我们在下沉市场如何突破信用卡现有模式，做出全新的、原本不存在的创新呢？这就更难了，至少目前在全球范围内，我们都没有看到信用卡突破支付、信贷这个本质以外的创新。

第二个问题：下沉，要沉到哪一级？规模到底有多大？

下沉，沉到哪里？

一线城市、新一线城市、二线城市，甚至一些三线城市，已覆盖各家银行信用卡渠道，竞争激烈且已成熟。所以，所谓的下沉，一定是三四线城市及小镇。

这个市场规模大不大？

根据第七次全国人口普查数据，居住在城镇的人口为9亿人，占比为63.89%；居住在乡村的人口为5.1亿人，占比为36.11%。显然，5.1亿乡村人口不是信用卡的发卡对象。剩下9亿人口，约为4.5亿是城市人口，已经被各大银行发展为信用卡客户，渗透率很高；另外4.5亿人口，居住小镇里，是信用卡下沉市场讨论的真正对象。也就是说，如果信用卡有下沉市场，只能是居住在小镇的这4.5亿人口。

4.5亿小镇人口，按照第七次全国人口普查公布的平均每个家庭户的人口为2.62人来计算，约为1.7亿个家庭，我们假设每个家庭有1个人具备申请信用卡的基本资格（假设有中央人民银行征信记录），也就是1.7亿人。按照目前信用卡审批通过率50%计算，这个下沉市场客户规模的理论值是8 500万，相当于7.5亿活跃卡量的11%。这个理论值也不大。

如果再考虑到中国小镇的信用卡商户环境和用卡场景，以及人们的支付习惯，这个下沉市场只是少数从业者脑中的概念嫁接，并没有任何实操意义。需要等到中国进一步城市化，将这些镇全部变为城市，人们收入提高，个人资信提升，消费能力增强，信用卡才有真正的机会。

显然，信用卡和其他业态的下沉，有着本质的区别。比如拼多多，它本质上提供的是一种商品买卖，对客户的资质没有特别要求，没有准入门槛，只要付得起商品的钱就行，所以可以随便下沉。但信用卡提供的是一种授信服务，对发卡对象的资信有严格要求，是一种有门槛的信用中介服务，不能随便下沉。

● 反垄断：“门口野蛮人”会离场吗

2010~2011年，支付宝先后推出快捷支付和二维码支付，一时让跨界的银行如临大敌，对这个“门口的野蛮人”心存芥蒂。支付宝坐拥几亿客户，也是信用卡交易的主阵地，银行既担心平台抢了生意，又害怕它有更大的不为人知的野心。

果然，2014 年京东白条上线，2015 年蚂蚁金服推出花呗产品。这两个互联网金融产品的横空出世，是支付脱媒、金融脱媒的标志，也是互联网平台向传统银行正面宣战的明确信号。

中国银行业对小微企业和个人信贷的服务供给不足。而监管向来对"金融"很严厉，对"科技"相对宽容，也使得很多互联网平台企业借机杀入这片普惠金融的蓝海，迅速做大。

脱胎于阿里巴巴的蚂蚁金服，就是一个典型的例子。它们看到了普惠金融的巨大机会，致力于"用技术降低门槛解决社会问题"。正如蚂蚁金服招股说明书所言，中国有 9 亿人没有信用卡，有 7 000 万小微企业融资需求尚未被满足，有 12 亿人未被寿险覆盖，有 5 亿人没有任何理财产品，这片普惠金融的蓝海，正是蚂蚁金服迅速崛起的土壤。

成立于 2014 年的蚂蚁金服，借助天然的科技优势，对传统金融进行降维打击。在商业模式上，银行业务高度依赖非标的人力资本。比如，小微贷款就很麻烦，相当依赖信贷员的躬身入局和个人判断，但是蚂蚁金服凭借自己的平台数据能力，用超细的数据将这个过程分解成"流水线"作业。从放贷到风控，都可以部分地实现标准化。标准化的好处是可以规模化，从而提升效率，降低成本。再考虑到支付宝坐拥 10 亿用户，这个"降低成本、控制风险"的举措带来了几何级数般的效应。

所以，短短几年，蚂蚁金服以迅雷不及掩耳之势发展壮大。根据其 2020 年招股说明书披露，蚂蚁平台用户为 7.29 亿，花呗、借呗服务用户约为 5 亿，理财平台促成的资产管理规模高达 4.1 万亿元，保险平台促成的年度保费为 518 亿元，规模之庞大令人生畏。

由表 2-3 可知，以花呗、借呗为支撑的微贷科技平台，消费信贷规模达 1.73 万亿元，小微经营者信贷 4 217 亿元，国内排名第一。二者信贷规模加起来 2.15 万亿元，接近招商银行 2019 年零售贷款规模 2.22 万亿元。也难怪，当我们销售队伍向客户推荐信用卡时，时常会遇到客户已经有了花呗、白条，暂时不需要信用卡的说法。

表 2-3　蚂蚁金服用户、理财、保险、贷款规模

类　别	数　量
蚂蚁平台用户	7.29 亿
花呗借呗服务用户	5 亿
理财平台资管规模	4.1 万亿元
保险平台年度保费规模	518 亿元
微贷科技平台信贷规模（花呗借呗支撑）	2.15 万亿元
——消费信贷规模	1.73 万亿元
——小微经营者贷款	0.42 万亿元

数据来源：蚂蚁金服招股说明书。

收入上，蚂蚁金服数字金融科技平台收入（金融板块收入）已经占比全部收入（数字支付与商家服务收入＋数字金融科技平台收入＋创新业务及其他收入）的 63.4%，其中微贷业务占比 39.4%，贡献近四成收入。半年微贷收入 285 亿元，全年预计 570 亿元，比宁波银行 2020 年营业收入 411 亿元还多出 159 亿元。

然而，这种数字平台所拥有的数字权力，会带来经济上的垄断，影响社会分配机制。数字平台头部效应越强，社会财富的分化越大。很多时候，单个企业的增长效率并不一定等于全社会的福利最大化（分配公平）。而且随着分化的加剧，公平这个议题的砝码会显得越来越重。

于是，2020 年对数字平台巨头们来说，是一个"冰火两重天"的年份。

前 9 个月是特殊时期催生的火焰：显著加速的线上化和数字化。全球前十大市值的企业，有七家数字平台，2020 年它们的市值又增长了 31.6%（2.8 万亿美元），将过去 20 年数字平台的胜利推向高潮。

后三个月是平台监管的"冰河"：从 2020 年 10 月蚂蚁金服上市被叫停开始，不久后发布了反垄断指南，接着处罚阿里巴巴、阅文、丰巢；紧接着 11 月 2 日中国银保监会、中国人民银行发布网络小额贷款业务管理暂行办法（征求意见稿），对互联网平台资本金、联合放贷出资比例进行规范；再接着开始调查阿里巴巴，约谈蚂蚁金服管理层等。同期，欧美的反垄断浪潮也来了，亚马逊、苹果、谷歌、脸书先后被欧盟和美国司法部、联邦贸易委员会点名，要进行处罚或者提起诉讼，见表 2-4。

表 2-4　2020 年全球平台监管大事件

时　　间	事　　件
10 月 20 日	中国市场监督管理总局发布网络交易监督管理办法 (征求意见稿), 聚焦平台"二选一"、违法评价等关乎网络市场交易秩序的焦点问题
10 月 21 日	美国司法部和 11 个州对谷歌提起诉讼，瞄准这家科技巨头在搜索和广告业务上存在的垄断行为，指控谷歌利用其市场主导地位打击竞争对手
11 月 10 日	中国市场监督管理总局出台了关于平台经济领域的反垄断指南 (征求意见稿)，首次明确拟将"二选一"定义为滥用市场支配地位、构成限定交易行为，将"大数据杀熟"定义为滥用市场支配地位、实施差别待遇
	欧盟反垄断监管机构"欧盟委员会"今日正式指控美国零售巨头亚马逊破坏在线零售市场的竞争
12 月 10 日	美国联邦贸易委员会 (FTC) 与来自 48 个州和地区的总检察长联盟分别对 Facebook 提起了两起反垄断诉讼
12 月 15 日	欧盟委员会发布了两份数字新规草案：数字服务法和数字市场法，要求大型平台对其平台上的内容承担更大的责任，引入了全新的监管制度
12 月 26 日	中国人民银行、银保监会、证监会、外汇局等金融管理部门联合约谈了蚂蚁金服集团

这三个月全球各国的反垄断动作，绝对称得上是一场"风暴"。所以，2020 年是中国数字平台反垄断元年，也是全球数字平台反垄断里程碑式的一年。

2021 年，这种力度仍延续和加深。

这对传统银行信用卡业务，无疑是一次重新出发的机会。蚂蚁金服的暂停上市，京东数科在科创板上市遇阻，以及监管对互金平台的强监管，意味着"两条两呗"高速发展的时代结束，同时也意味着同类竞品的信用卡业务，迎来了一些转机。

"门口野蛮人"会不会离场不好说，但互联网金融寡头不会出现，属于它们的时代暂时告一段落。而信用卡行业能否借势再上一个台阶，在存量时代找到第二增长曲线，则是行业留给信用卡从业者们的一个有挑战的课题。

● 消费心理学：信用卡销售必备技能

损失规避：一个好消息和一个坏消息，先说哪一个？

假设你是一名信用卡销售人员，你在销售一张收取年费的信用卡时，是先讲年费，还是先讲这张卡的权益及好处？

同样的问题，我也经常会问销售队伍。绝大部分人的第一反应是不屑："这还用问，当然是先讲好处和权益啊，要不然如何吸引客户办卡？"

真的是这样吗？先讲好处，再讲收费，整个行业都这样，难道有什么不对吗？

源自远古时代的人类自我保护心理，被心理学家称为"损失规避"。人们天生对损失更加敏感和厌恶，坏消息的影响力，天生就比好消息大。

假如今天你在上班的路上捡到 100 元钱，可是刚要高兴，这 100 元钱立刻被风卷走了，你会毫无感觉么？不会，虽然你实质上没有任何损失，但你的实际感受可能是今天亏了 100 元钱。得到 100 元钱的快乐，其实没办法弥补失去 100 元钱的痛苦，是因为人们对损失更加敏感。

这种心理状态也常见于股票市场，那些先赢后平（或者先赢多后赢少）的人，通常有一种极强的懊悔心理，他们不会因为没亏而庆幸，而会因为先获得后失去而悔恨。甚至有科学家研究出来，这种损失所带来的负效用是同样收益所带来的正效用的 2.5 倍。

所以，在销售一张年费卡时，你还会先说好消息（信用卡权益），后说坏消息么（200 元年费）？如果你先把好消息呈现给客户，最后再告知坏消息，那么客户的整个内心都会被坏消息占据，此前所有的好消息都会被冲淡，单次交易的成功率将大打折扣。

卖一张信用卡和卖一套房，本质上没有任何区别。

任何一个卡产品都不完美，任何房子也都有缺点，比如房子不朝南，结构有些不方正，物业费比较高，周边配套不成熟，这些问题，客户迟早都是要问到的。如果你开始就集中把缺点说完，从现在开始，所有的讨论，都会给房子加分。

但是，如果你像挤牙膏一样，客户问到朝向，你说：朝向是不太好。他心里咯噔一下。客户问到周边，你再说：周边还不大成熟。他心里又咯噔一下。就这样咯噔、咯噔、咯噔，四五次之后，在他心中，这套房子简直一无是处。

自以为是的销售，仅凭经验做事，而他们所谓的"经验"，只不过是把错误的事情坚持了好几年。真正智慧的销售，善于洞察人性，深谙人们行为背后的心理底层逻辑。

所以，下次如果你需要向客户推荐一张年费卡时，记得先告诉对方年费，然后所有的权益都会为你的销售加分，销售成功率将大大提升。

价格锚点：如何轻松销售一张 200 元年费的信用卡？

你有两种信用卡产品：一款免年费，一款 200 元年费。你很想推荐 200 元年费的信用卡，可发现绝大多部分客户都选择免年费的信用卡，怎么办？

有的销售人员觉得，这还不简单，你讲清楚 200 元年费卡有哪些权益，性价比很高不就完了吗？可是，性价比高还是不高，很难从理性的角度去判断，没有一个统一的标准，是很难说服客户的。

这个时候，我们就需要在消费者心中建立一个可衡量的评价体系，让消费者很容易作出选择。这个"评价体系"是一个重要的商业逻辑，叫作价格锚点。

你有没有发现一个现象，很多商场珠宝店的进门口及靠行人侧的玻璃橱窗展示的首饰玉器，都特别贵，几十万元甚至上百万元。你有没有思考过，这是随机的摆放，还是精心设计？

你有没有这样的经历，中介带你看房，会带看好几套房子，而且是先从最差的那套看起，一套比一套好，为什么？甚至有些中介，人为制造这种效应，故意把某套房子提价，不为卖掉，只为在客户心中建立参照物。

无论是珠宝店，还是房产中介，他们都在努力向你心中抛下一只"锚"。当你看到几十万、上百万元的珠宝玉器后，再去看几万元的金银首饰，心理负担会小很多，消费决策会更容易。那个几百万元的珠宝，就是消费决策的"锚"，商家可能并不真正售卖，它的主要作用，只是让其他商品显得很便宜。当你先看到户型、朝向、交通都特别不好的房子后，你对后面户型不好但朝向还不错的房子，接受度就会高很多，那个不好的房子也是你的决策之"锚"。

价格锚点是 1992 年时一个叫托奥斯基的人提出的，他认为消费者在对产品并不确定时，会采取两种非常重要的原则来判断这个产品的价格是否合适。

第一个原则是，避免极端。

就是在有三个或者更多选择时，很多人不会选择最低或者最高的版本，而更倾向于选择中间那个商品。

第二个原则是，权衡对比。

当消费者无从判断价值是高还是低时，他会去选择一些他认为同类的商品去做对比，让自己有一个可衡量的标准。

回到开始的问题，我们如何将 200 元年费的信用卡卖得更好？

根据锚定效应，我们只需要向客户再推荐一张 800 元年费的信用卡。为避免极端，大部分客户不会选择最贵的 800 元年费，也不会选择免年费的信用卡（因为权益可能不多），极大概率会选择 200 元年费的信用卡，从而完成一次有价格感知的消费决策。当然，无论客户做出什么样的选择，我们必须确保所售卖的信用卡产品货真价实，不能有虚假承诺和误导销售。

深谙这个心理现象后，作为销售的你，是不是又多了一个"秘密武器"？下次你再逛商场的时候，也不会对"一个品类的商品同时陈列三款"这样的操作感到不解，你甚至还能知道，价格居中的那一款，才是商家主推的。

沉没成本：免费赠送礼品，还是让客户 1 元购？

提问，你给别人推荐信用卡，在向客户赠送礼品时（客户刷卡消费之后），你是选择免费赠送，还是让客户 1 元换购？

换个问题，你花了 50 元钱，买了一张电影票，你在电影院看了一会儿之后，发现这个电影不好看，你会选择继续看下去，还是会选择站起来就走呢？

对于这个问题，据调查，大部分人会选择继续看下去，他们可能一边玩着手机，都要一边坚持把电影看完，不想浪费掉已经投入的电影票钱。

为什么会这样？一个理性的人，不是应该起身就走吗？虽然花了钱，如果电影不好看还要继续待在电影院，岂不是浪费时间吗？

没错，大部分人的选择就是这样。这种非常有趣而顽固的非理性心理，叫作沉没成本。它是指人们在决定是否做一件事情时，不仅仅是看这件事情未来对他是不是有好处，同时也会注意自己是不是在过去，已经在这件事情上面有过投入。过去的投入越大，他越有可能持续非理性地做这件事，尽管未来并不会带来多大的好处。

这种非理性心理，还会发生在国与国之间。

20世纪60年代，英法两国政府联合投资开发大型的超音速客机，叫作协和飞机。这种飞机的机身大、装饰豪华，而且速度特别快，其开发可以说是一场豪赌，单是设计一个引擎的成本可能就高达数亿元。可是项目刚开展不久，英法两国政府就发现了问题，这种机型的研发真的是非常花钱，而这样的设计是否有市场尚不可知。如果停止研发，那之前所有的投资都将付诸东流。到底是继续研发呢？还是停止往下投钱呢？项目就在纠结中不断前行，随着研发工作越来越深入，他们越无法做出停止研发的决定。协和飞机最终还是研究成功了，但是因为飞机有巨大的缺陷，如油耗大、噪声大、污染严重等，以及运营成本太高，不适合市场的竞争。最终，英法两国为此蒙受了巨大损失。

有人就说了，那你就不能早点放弃吗？本来分明是可以减少这个损失的，虽然这个道理听上去很简单，可是事实上，人们往往都很容易陷入这样的误区，工作前期的投入成本越大，那么对他后续的投入也就会越多。

回到一开始的问题，我们在推荐信用卡时，是免费赠送礼品，还是1元换购呢？显然，让客户1元换购更有利于客户后续的黏性。花钱的和白送的，在客户内心有本质的区别。白送东西，客户往往会觉得是应得的，不会将礼品和银行品牌进行关联；但如果客户花了钱，效果就大不一样，哪怕是1元钱，在客户内心也觉得自己有所付出，后续用卡的概率会更高，有利于客户后期的活跃和黏性。

在激烈竞争的信用卡行业，很多银行在设置客户权益时，也充分考虑到了沉没成本心理。一份价值200元钱的权益，拆分成10张20元钱的微信消费立减券赠予客户。客户需要10次交易，才能享受完这些好处。对于一个新客户而言，在办卡初期，和一家银行有过10次以上的交互后，后续离开的可能性也会大大降低，因为过去10次交易所带来的体验、习惯、情感，会沉淀在客户心中，形成沉没成本，增加客户的转换成本。

这种应用，还会发生在跟客户收定金的场景中。很多商业机构，在客户稍微有一点购买欲望时，就会想方设法收客户一点点儿定金，可能1万元的东西只收500元定金。这也是为增加客户的沉没成本，锁定客户的购买意愿，提

升交易的成功率。当有的客户回到家里，购买冲动消失后，为了不损失已交的
500 元的定金，一般情况下仍然会选择继续购买商品。

　　女生买衣服的场景，可以运用这个策略。在店里反复挑选，不断试穿，不
停地跟店员沟通。当店员在你身上花费了大量的精力时，你就赢得了讨价还价
的余地。店员为不让这部分的沉没成本损失掉，极有可能给你更大的折扣。

第三章

促活：如何让客户高频使用信用卡

上一章，我们讨论了如何在存量时代获取信用卡新客户。本章我们需要讨论如何提升信用卡客户的活跃率。

存量时代，对信用卡行业的影响，是全生命周期的，不仅影响获客，也给客户促活造成了极大的困扰。这种困扰包括：各家银行的信用卡客户活跃度在下降，即使营销费用的投入在增加，每家银行能抢占客户的钱包份额也在变少，从而导致户均消费（可以理解为"客单价"）下降，户均贷款余额下降，最终迫使营业收入下降。

● 信用卡客户的活跃现状与钱包份额

如前所述，信用卡行业在经历了 2017 年、2018 年、2019 年三年高速增长后，撞上了边界墙，速度明显放缓。2020 年疫情加速了行业拐点的到来，正式拉开存量时代的序幕。

存量时代，也是信用卡消费者主权时代，一人手持多卡，客户不断在银行之间来回切换消费，原来由一家银行独享的客户钱包份额，现在被分摊到几家银行，活跃率和消费金额自然会有所下降。

如果我们按年份观察每一年信用卡新客户的活跃率，会发现一个明显的趋势——从 2018 年开始，每一年的新客户，活跃率都会低于上一年。这个下跌的趋势，在 2019 年尤为明显，几乎是断崖式下跌，如图 3-1 所示。

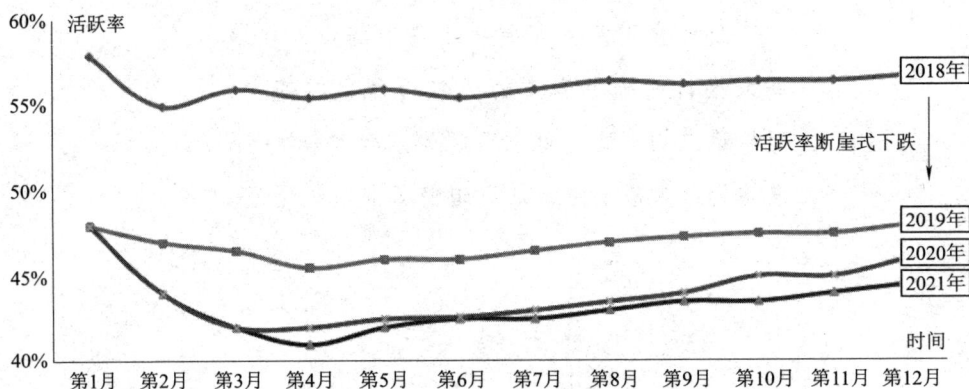

图 3-1　信用卡新户各年活跃情况（根据行业实际情况模拟）

实际上，2018 年的新户活跃率，虽有下跌，但基本能和以前年份的存量客户打个平手。

但 2019 年新户活跃率的下降，直接跌破了存量客户活跃率基准线，形成了新旧倒挂。这意味着，如果这种趋势得不到及时扭转，每新进一个客户，都是对全量客户活跃率的拖累。如果长期拿不出解决方案，无异于慢性自杀。

● 如何提升新客户活跃：权益券化与跨期＋销售"新基建"＋企业微信助力

2021 年上半年，几乎所有的行业从业者都在为客户的活跃焦虑。前一个月刚进的新客户，在拿走礼品享受完新户权益后，第二个月的活跃率就会陡然下降，这样的怪圈使得销售队伍、市场经营队伍像热锅上的蚂蚁，承受着巨大的压力。

我们看到了同业中的一些先行者，在压力中前行，几乎在同一时间，探索出了一些有效的解决方案。

权益券化＋跨期消费

正如前面所述，信用卡的销售，实物礼品必不可少。作为吸引客户的引流品，能有效地打动客户，促成交易。然而，任何事情都有两面性。实物礼品在吸引客户办卡方面有其存在的必要性，但也给后续的经营带来了隐患。

礼品的赠予一次结束，虽然很多客户在销售现场会使用一次信用卡（行业术语叫"首刷"），但更多的情况下，一些客户拿走礼品后，便不再使用信用卡，甚至很快注销卡片。这种基于"单次博弈"的销售模式，造成了新客户当月活跃率高，但次月断崖式下跌的行业现象。那些以直销为主渠道的信用卡中心，这种现象尤为明显。

当然，这也跟 KPI 考核有关。很多信用卡机构，对销售队伍的考核就两个指标：一个指标是新户数量；另一个指标是首刷率。这使得前端销售人员的销售有些变形，只要销售一张信用卡并且促使客户使用 1 次，就可以拿到佣金，至于客户后面是否使用信用卡，都跟他没关系。

这迫使管理者们开始思考一个问题，与其"单次博弈"眼睁睁地看着客户掉头就走，还不如"重复博弈"让新客户与信用卡产生多次交易，提升其后续用卡的黏性。

研究表明，第 5 次购买时，顾客黏性才能养成；而对黏性影响最大的，是前 3 次购买。所以，一定要让顾客使用 3~5 次。

于是，2021 年我们看到了很多银行在客户权益上的改革。在获客总投入不变的情况下，压降一次性赠送的礼品成本，转而借助券化能力，向客户赠送可以多次消费的微信立减金。

这种设计的确是一次进步，原来赠送礼品的模式，实际上与客户是否使用某家银行信用卡交易，没有必然的联系。客户拿走礼品后，完全可以不用卡，银行也没有其他办法促使客户用卡。但是，如果我们把给到客户的权益，与客户后续刷卡消费结合在一起，就不一样了。这会直接拉升客户办卡后的活跃率，如果我们再把权益的有效期拉长，客户的活跃时间会更长，对银行后续经营客户大有裨益。

不止信用卡有这样的变化，借记卡为了新客户的活跃，也改进了同样黏客方式。

2021 年 3 月，我在中国银行申请开立一张借记卡，银行工作人员现场让我绑定微信快支付，向我的微信卡包里注入三张微信立减金，一张 10 元（消费满 10.01 元可抵用），两张 5 元券（消费满 5.01 元可用），共计 20 元。毫无疑问，消费者对于这种动动手指都能捡到的便宜，一定不会放过。开卡后不久，我就将这三张微信立减金全部用尽，如图 3-2 所示。

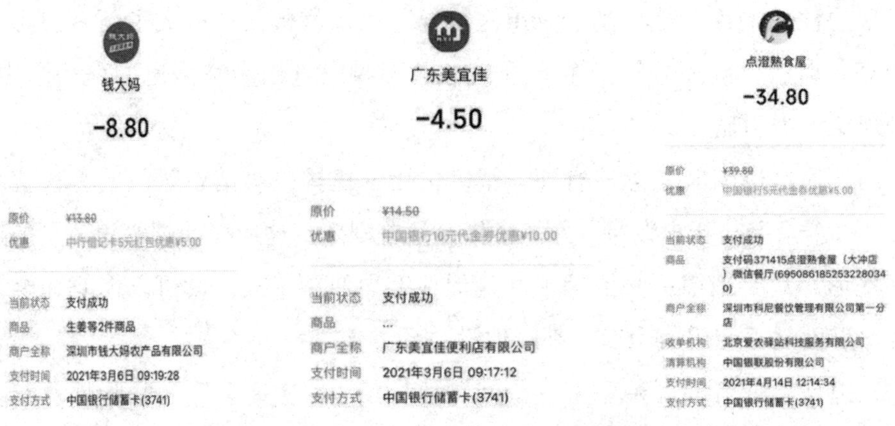

图 3-2　中国银行开借记卡绑微信支付时赠送三张共 20 元消费代金券

中国银行为了一个新客户的用卡活跃，投入 20 元，至少可以促进三次活跃。借记卡业务都这么努力，信用卡业务也没有闲着。

2021 年平安银行信用卡在新客户权益方面，也不断推陈出新。在 2021 年春节期间，推出新客户办卡消费抽红包。客户办卡通过后，激活后消费一笔，即可抽取红包，百分之百中奖，最高 888 元。

一个红包，拆分为几张独立使用的现金券，包括微信立减券、信用卡还款抵用券等。比如，一位客户中了 688 元大红包，里面就包括两张 200 元还款券、两张 100 元还款券、一张 50 元微信立减券、一张 20 元微信立减券和一张 18 元微信立减券，如图 3-3 所示。

当客户使用完这些福利时，至少已经消费 10 次以上，不得不说，这是对新户活跃的一种极大的尝试和创新。

平安银行信用卡深圳分中心，还做过一个封闭式活动。针对已持有平安银行借记卡客户，成功申请办理信用卡，赠送 220 元微信立减券。这 220 元，一共由 10 张券组成，客户在 6 个月内使用完毕。即第 1 个月可使用 2 张 50 元的立减券（2×50=100），第 2~4 个月每月 2 张 15 元立减券（6×15=90），第 5~6 个月每月 1 张 15 元（2×15=30），如图 3-4 所示。

图 3-3　平安信用卡 2021 年 2 月
新户办卡抽红包

图 3-4　平安信用卡深圳分中
式活动，办卡送 220 元微信立减券

这种权益的设计方式，使得客户每月刷卡消费时都能享受优惠，并通过跨期 6 个月的方式，培养客户的用卡习惯。很有可能，一个新客户就会把这张信用卡作为其主用卡，提升银行持卡客户活跃率和交易金额。

销售"新基建"，助力新户活跃

销售是信用卡客户池子的入口，也是最关键的一环。选择什么样的客群，销售是否充分，销售动作是否跑偏，直接决定后续客户的活跃率、资产质量、生息占比、风险抵御能力。

现在信用卡销售行业下的功夫越来越深，受益于底层技术进步的同时，也受累于此。10 年前信用卡销售行业还在填写纸质申请表，今天就已经实现全程无纸化。10 年前，没有移动互联网技术，没有微信支付、没有金融 App，信用卡行业竞争还在线下，但今天，移动互联的平台是行业必争之地，在客户申请完信用卡后，一个销售需要让客户绑定微信或者支付宝支付、下载各家银行的App、绑定微信公众号、添加企业微信。这几个动作，我把它视为销售"新基建"。这些都是时代的产物，虽然很烦琐，但一定要做，因为此行业目前正处于这个周期，这些是信用卡销售队伍应该要做的正确的事。

招商银行信用卡，需要让直销队伍在销售前端，协助客户下载绑定掌上生活 App。招商银行借助掌上生活，通过前期建立强大商户生态圈，致力于打造一个金融开放平台，为本行及他行客户，提供吃穿住用行的一站式解决方案，这是其独有的客户经营逻辑，对吸引新客户活跃有极大的帮助。据悉，招商银行新客户次月活跃率高达 65%，远超同业其他银行。

平安银行信用卡，将前端销售动作称为"三绑一添"，销售人员在获取一个信用卡新客户时，需要同时：（1）协助下载绑定平安口袋银行 App（借记卡和信用卡合一的 App）；（2）绑定微信或支付宝快捷支付；（3）绑定平安银行信用卡微信公众号；（4）添加销售人员企业微信。一方面，平安银行希望尽可能地将客户留在银行自己的平台，即平安口袋银行，这一点和招商银行策略一样；另一方面，也在外部的流量平台占有一席之地。两条腿走路，更稳健。

然而，这几个销售动作，耗时较长，平均一个客户的销售时间在 30 分钟左右，在客流高峰期，销售人员的业绩压力就会很大，部分人员为追求更多的新户，就会对个别标准步骤予以舍弃，剑走偏锋。

但是，我们也欣喜地看到，一些股份商业银行在流程优化上走在了前列。几个销售标准动作仍然要做，但是会有一些简化。如浦发银行，将绑定快捷支付动作前置，在申请过程中，让客户填写微信号，卡片申请通过后，后台会统一批量为客户自动绑定快捷支付，这样能为销售队伍减负，让销售变得更简单、更高效。

中信银行信用卡，在绑定微信公众号这个流程上，也跑在行业前面。

企业微信，客户活跃新工具

销售"新基建"、销售标准流程，本质上都是为构建与客户有效的沟通触达渠道。银行触达客户的渠道其实挺多，短信、AI 外呼、人工座席、官方 App、官方微信公众号。但是，你会发现，这些触达手段都是单向的，无论客户是否愿意，都只能被动接受，缺乏一个沟通和交互过程。

而且，喜新厌旧是消费者的天性，一个手段使用久了，客户会趋于无感，银行就再也无法唤起他们的注意。比如短信，已经没有多少人会实时查收阅读；比如电话，很多人的第一习惯是直接挂掉陌生来电；比如银行的 App，相当一部分客户的消息盒子几百上千条未读推送，都不会去打开。

很多银行坐拥几千万甚至上亿的信用卡客户，但却找不到有效触达的手段，如鲠在喉，如芒在背，让管理者们焦急忧虑。

但是这两年，企业微信的推出，让金融机构看到了客户触达的曙光。依托微信这个月活 10 亿以上的超级平台，企业微信相比其他触达手段的进步在于，客户每天都超长时间停留，一对一的互动服务方式能减少客户对被打扰的反感，大数据的精准匹配，让银行有能力提供千人千面的服务。

每一个企业微信背后，都是银行员工，真人的互动式服务和一条短信、一通电话，客户的体验是不一样的。机构短信，天然缺乏沟通性；银行电话是一种即时沟通工具，客户也必须在短暂的通话中，做出选择和反应。而企业微信是一种非实时的服务工具，客户可以毫无压力和银行人员互动，银行也可以真正地为客户提供随时、随处、随身的金融服务。

正因为如此，银行的管理者们开始重视企业微信在客户触达层面的价值，甚至把企业微信上升到企业的战略高度，以此增强银行触达客户的能力，提升信用卡活动、权益、优惠被客户知晓的可能性，促动客户进一步活跃。到目前为止，几乎所有的股份制商业银行，已经建立企业微信。运营最为出色的，还是招商银行信用卡中心，根据客户经常所在地位置建群，化整为零差异化服务客户，精准推送周边优惠福利，以此形成客户高活跃率、高黏性，如图 3-5 所示。

图 3-5 招商银行企业微信属地经营

我们其实可以有一个更大胆的想法，对于全国性商业银行的信用卡中心，企业微信的存在，将可能激活各家属地的城市分中心，实现客户服务、客户营销从总部集中，到分中心下沉的可能，让各家分支机构找到本地客户服务、经营的抓手。

众所周知，信用卡的客户服务、电话营销目前都是集中作业模式，由总部部门牵头，实行集中管理，覆盖全量客户。但是，随着属地客户添加当地队伍企业微信的快速推动，和客户沟通的主动权，将逐渐从总部下沉到各城市分中心，分支机构将有更大的经营动力和主动权。

例如，招商银行信用卡深圳分中心有近 400 万持卡客户，如果有 200 万客户已添加企业微信，深圳分中心完全可以单独组成一个"企业微信经营小组"，按 1 员工：1 万客户的比例，由 200 人团队专门服务这批客户。当然，前提还得是服务客户所产生的价值，能够覆盖 200 人团队的运营成本。

借助大数据的精准赋能，将每个员工管理的 1 万客户的画像、服务需求、营销需求进行批量分类、触达，或许可能会产生不一样的经营效果。比如，对于活动未达标客户，一对一提醒客户消费达标；对于有资金需求客户，提供差异化定价的分期产品；对于高净值客户，提供理财服务。如果可以实现，这一定是颠覆信用卡低活跃、低营收瓶颈的新模式，想象空间巨大。

改变财务计价模型，将单纯以新户提佣模式，升级为以活跃新户计价

在高增长时代，各家银行忙着"跑马圈地"，给销售队伍的佣金以纯新户为计价基础，按新户量的多少，设定阶梯式的佣金计算方式。不同业绩档位，对应不一样的单户价格。

如一个直销人员，每月新户达到 35 户，一户按 20 元计价；达到 45 户，每户按 35 元计价；以此类推，做得越多，单户拿到的佣金越高，见表 3-1。

表 3-1　信用卡行业销售佣金模型

销售人员业绩档位	奖励标准
$N < 35$ 新户	0
35 新户 $\leq N <$ 45 新户	15 元 / 新户
45 新户 $\leq N <$ 60 新户	35 元 / 新户
60 新户 $\leq N <$ 80 新户	45 元 / 新户
80 新户 $\leq N <$ 100 新户	55 元 / 新户
100 新户 $\leq N$	70 元 / 新户

在此基础上，再将客户首次刷卡占比（"首刷率"）、学历占比等因素作为佣金的调节系数，计算一个信用卡销售人员的工资。其公式就是，销售佣金 = 底薪 + 新户 × 对应奖励标准 × 首刷系数 × 学历客户占比。

一线销售队伍非常聪明，他们会认真研究规则，然后调整自己的销售行为，做出逆向选择。

当规则以新户为计薪基础，那么销售人员就会拼命做新户，不管客户用卡意愿如何，先办一张再说。甚至为拿到最高档的激励，一些当月业绩不好的业务员，会将办卡进件"卖"给同事，与其守着少量业绩拿最低档激励，不如和别人"拼单"，共同换取单位的最高计价。有的业务员甚至违规，和其他银行联合展业，交换客户资源。

做完新户，次重点才是让客户首次刷卡，因为首刷率越高，总体薪酬也越高，有乘数效应。

"聪明的销售"会怎么干呢？

他们会在销售现场，让客户充电话费，进行腾讯1分钱捐款等。所以，你会看到，大量的新客户，首笔交易金额都是1分钱、10元钱。由于不是每个客户都需要电话费，一些更"厉害"的销售，会让客户给自己或亲戚的手机号充值，然后把客户垫付的钱再私下转给客户。于是，你会发现，有个别业绩好的业务员，电话费余额有几千元，甚至上万元。

这是行业存在的部分乱象。

只要新户和首刷的"变形"销售动作，会使一家信用卡机构的新客户当月（M_0）首刷率看上去很高，但次月（M_1）活跃率，次2月（M_2）活跃率出现断崖式下跌，给客户的后续经营造成极大的困扰，如图3-6所示。

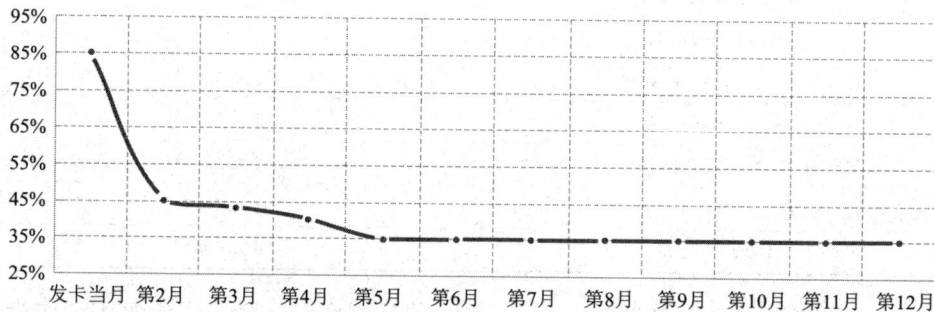

图3-6　以新户首刷为导向的直销新户各月活跃表现（模拟图）

这可能就是一种典型的内卷，银行自己设定的销售计价规则，销售队伍把该赚的钱一分不少地拿走，交付给单位一堆僵尸客户。

"好的制度，会让坏人变好；但坏的制度，能让好人变坏"。

当我们责怪队伍不好带的同时，更应该沉下心来思考，到底是人的问题，还是规则的问题。我一直不认同一位互联网大佬的话："所有的不行都是人的不行"，相较于一个规则、一个系统、一个生态，人不是最重要的。

考核规则就是指挥棒，如果银行想要销售队伍带来活跃的新户，那么应该转变思路，果断摒弃以纯新户为计价基础理念，重新设计游戏规则。

试想，单个纯新户获客成本 300 元，获取 1 000 个新户总投入 30 万元。如果新户第 3 个月的活跃率只有 30%，单个活跃客户获取成本高达 1 000 元。按单个信用卡客户每月贡献 15 元利润算，这类客户需要约 5 年半（67 个月）才能回本，经营难度可想而知。

但是，如果我们换一种获客思路，结果可能会不一样。

与其将 300 元一户的成本，平均撒向活跃率只有 30% 的 1 000 个人；还不如加重单客投入 500 元，换回活跃率有 70% 的另外 1 000 人。简单算一下，后者总投入 50 万元，活跃客户 700 人，单个活跃客户成本为 714 元，小于 1 000 元。

这种"高投入换高活跃"的思路，是信用卡行业的财务企划部门应该改变的方向。如果我们的经营，最后是指向客户活跃的价值经营，财务部门没有任何理由不按客户活跃计算获客成本，更不应该去拒绝一个客户更活跃，但单活成本更低的变革方案。

届时，销售队伍需要保证，拿着更高投入的 offer，做好充分销售，获取活跃率更高的客户。

具体到计佣规则，则需要以"首刷新户"打底，一次都不用卡的新户不计价，再以"新户 M_2 活跃率""优质客户占比"等长期指标及质量指标作为调节系数。即：销售佣金 = 底薪 + 首刷新户量 × 单户价格 × 新户 M_2 活跃率 × 优质客户占比。

这样的变革，不是简单的公式调整，而是一种获客损益观的觉醒。它能在存量竞争时代，将银行经营目标和前端队伍的销售动作统一对齐，减少内部摩擦，指向价值经营。

● 如何提升存量客户活跃

存量信用卡客户，是一群规模更庞大的消费者。在存量时代，新客户的活跃是源头活水，但能否经营好绝大多数的存量客户，才是各家卡中心能否在存量时代脱颖而出的关键，这显得特别迫切，也是各家银行短兵相接之地。

但是，资源有限。

在很多单位，你会发现一群人，一旦要求他们做些有挑战性的事情，第一反应就是问资源是否足够。信用卡行业里也有这样一群小伙伴，他们把客户不用卡的原因，归结为信用卡营销活动太少，活动持续时间不够长，优惠力度不够大。总是对比，别家银行投入力度很大，我们银行不舍得花钱。

但凡这样看问题的人，基本上都缺乏损益观。任何一家公司、一个政府、一个国家，包括整个地球，资源都是有限的，这是一个基本常识。一张信用卡一个月的利润贡献不足 20 元，无论我们如何大方，投入都是有限的。动不动几十上百元的优惠，不可能是常态，也不现实。

其实，在很多信用卡机构，一个客户一个季度的营销费用，平均投入不到 1 元钱，这才是现实。公司不是慈善机构，最后的经营成果，要指向三张财务报表。如果你是上市银行，还得对投资人负责，业绩不能出现较大的波动。

资源有限，需要协调。

信用卡的营销部门，想要把有限的营销资源，投向无限的客户，发挥最大的效能，需要问自己三个问题，我称为"信用卡的灵魂三问"：

投哪里？

投什么？

怎么投？

投哪里——得移动支付者得天下

客户的支付行为发生在哪里，银行就应该追到哪里，营销费用就应该投向哪里。如果信用卡只有一个地方要抢占，那便是移动支付入口。

微信月活超过 10 亿人，支付宝 10 亿人，人们的生活被这两个平台高度绑定，巨大的流量入口，也是线上消费的主阵地。

今天信用卡行业的全量交易，按交易笔数看，约有 70% 的支付发生在线上，以微信支付和支付宝支付为主；只有 30% 的交易，是线下刷卡。线上交易笔数，微信支付占比约为 80%，支付宝占比约为 20%。

我经常打比方，这些移动支付平台，就像高速公路入口的收费站，各家银行就是排队上路的小汽车，你想要享受互联网平台这条高速公路带来的速度与激情，必须在入口处取卡入场。

也就是说，你要想尽一切办法，让你的客户把信用卡绑在这条高速通道的入口，否则，不仅你将错过一路的沿途风景，还会被已经上路的其他竞争对手，远远地抛在道路尽头。

随着"上路"的银行越来越多，"高速公路"也可能发生"拥堵"。而这时消费者则在各家银行的充分竞争中迎来自己的"主权时代"。他们是"高速公路"上可以随意选择上车的尊贵乘客。今天高兴就选坐你的车，明天不高兴就随时下车，转移成本极低。

随着行业同质竞争的加剧，尊贵的消费者们可以随意选择银行，这种随意，就是在支付时，简单地动动大拇指，在手机屏幕上下滑动而已。如果你家银行还没有在路上，恐怕连被选择的机会都没有。这才是消费者主权的时代，也是信用卡行业存量博弈的真相。

所以，近两年各家银行，都在拼命地抢占移动支付入口。不管借记卡，还是信用卡，只要消费者愿意绑，银行就给优惠。

微信立减券，撬动客户活跃的小杠杆

你是否有过这样的经历，当使用微信支付准备输入密码时，平台会提醒你"可用××银行××卡×元立减金"，然后你动动手指，切换支付方式，成功减去了××元金额。

图3-7所示为银行促动存量客户活跃，抢占支付入口最常使用的方法。通过往客户微信卡包里塞"微信立减券"的方式，吸引客户选择本行卡支付，培养客户主用卡习惯，提升本行活跃及消费金额。

这种赢回客户活跃的方式，还可以细分为两种：一种如中国银行储蓄卡，提供通用立减券，客户只要使用微信支付，在任意场景中均可抵减，限制较

图3-7　微信支付优惠提醒

少；另一种如平安银行信用卡，向客户推送有特定使用场景的立减券，让客户的消费与场景挂钩，如图3-8所示。

我经常去全家便利店消费，平安银行信用卡基于大数据分析，会向我的卡包里推送"全家 10 元券"，消费超过 10 元即可抵扣。基于比例偏见的心理状态，当我消费 11 元，只需支付 1 元时，就感觉占了很大的便宜。这会促使消费者更多地使用该家银行的信用卡。

大部分时间，银行会拆得更细。当你不活跃时，就往你的卡包里，塞入 1 元、2 元、3 元、5 元这样的小金额券，以促使你高频用卡。

图 3-8　平安信用卡全家
便利店 10 元立减券

由于微信会将最近一次支付默认置顶，当你选择一家银行信用卡支付时，通常会在之后的几次支付中，连续推荐使用同一张信用卡，这就提升你在该家银行的消费金额。如果一个人的消费能力是稳定的，也就意味着各家银行通过"微信立减券"，能够更多地抢占消费者的钱包份额。

一组实践数据表明，银行向线下每投入 1 元钱，消费者不仅不会因为这样的优惠多用卡，反而会继续义无反顾地跑向线上，线下消费会持续下降约为 30 元。而如果银行把钱投向移动支付，每 1 元钱带来的新增消费，可达 100 元，二者效果有天壤之别。

当然，银行在通过微信立减券抢占移动支付领地时，有一个前置基础动作很关键，那就是微信公众号。

当银行想要给一个客户的微信卡包塞券时，后台需要有客户微信的 open ID（可简单理解为客户在微信端的唯一识别身份），要拿到客户的 open ID，就需要客户绑定银行的微信公众号。

可以说，微信公众号就是银行触达客户的高速公路。

如果没有这个基础建设，银行就无法通过小额高频塞券的方式，促动客户活跃。前面我所展示的平安银行信用卡及中国银行的微信立减券，其前提都是

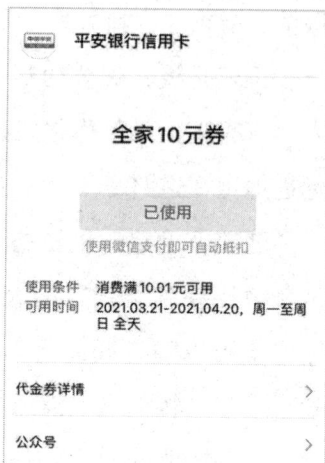

因为我绑定了两家银行的官方公众号。

微信消费随机立减，给客户支付小惊喜

除直接给客户塞券之外，最常见的促活方式，就是在客户消费的当下，随即给客户一个立减优惠。

在深圳，无论你是去全家便利店消费、钱大妈买菜、红荔村吃早餐，还是在任何一个停车场缴纳停车费，只要你使用平安银行信用卡微信支付，都有可能被突如其来的随机立减砸中（见图 3-9），带着一种"占了便宜"的小惊喜，心满意足地离开。

全家FamilyMart	红荔村印力店	捷停车
-18.22	**-64.95**	**-13.20**
原价　¥20.70	原价　¥73.80	原价　¥15.00
优惠　平安银行88折活动优惠¥2.48	优惠　平安信用卡88折立减优惠¥8.85	优惠　平安银行信用卡88折优惠¥1.80
当前状态　支付成功	当前状态　支付成功	当前状态　支付成功
商品　FamilyMart - 荔林苑店	商品　159印力店(单号:23)	商品　停车费用-粤-B■■-P191216672
商户全称　深圳市顶全便利店有限公司	商户全称　深圳市红荔村印力餐饮有限公司	商户全称　深圳市顺易通信息科技有限公司
支付时间　2021年3月20日 19:42:17	支付时间　2021年1月2日 09:46:26	支付时间　2021年6月20日 11:53:28
支付方式　平安银行信用卡(3867)	支付方式　平安银行信用卡(3867)	支付方式　平安银行信用卡(3867)

图 3-9　平安信用卡微信支付 88 折立减优惠（全家、红荔村、捷停车）

显然，有了这样的小惊喜，下一次你再使用他家银行信用卡的概率也会提升。毕竟，每个人都希望发生这种不期而遇的小惊喜。

当然，也有人对这种随机立减促活存量客户的方式，表示极大的质疑。其中一个最大的理由是，客户在知道这个优惠之前，已经决定使用你家银行的卡了。既然他已经用了你家银行的卡，这种"事后"优惠感知，并没有左右消费者决策的能力，资源投入不精准，也没有杠杆效应。

这有一定道理。

那些本来都流向你的消费选择，你再花资源去"讨好"他们，是否有必要呢？这其实是一个不太好回答的问题。如果你不投放这些资源，那些一直使用你家银行信用卡的客户，会不会因为长期缺乏"小惊喜"的刺激而"掉粉"呢？我没有看到行业里有人去验证过。

按照质疑者的声音，我们应该把资源投放得更精准，把这些"小惊喜"提前触达给那些"摇摆客户"，让他们因为这些"小确信"而倾向于选择你。这样的促活，才有可能是资源投放带来的增量。

其实，行业从业者可以大胆地做个测试。在资源有限的大前提下，是"摇摆客户"能带来更大的活跃增量，还是一边防止忠诚客户流失，一边促新增，能够带来更多的客户活跃，需要实践去验证。

微信消费立返，确定性带来高活跃

消费随机立减具有一种不确定性。为对冲这种不确定性，一些银行通过"微信消费立返"活动事前触达客户，有确定性地提升目标客户的活跃度。

平安银行信用卡在 2021 年 5~6 月，曾推出一款悦享白金卡产品，参与活动的客户前三个月微信支付，可以每笔享受随机立返，最多 30 笔。这 30 笔返现中，还有可能整笔免单，最高免 888 元，如图 3-10 所示。

这种设计的巧妙之处在于，客户前 30 笔消费中，每一笔都有一个确定的惊喜。客户前期至少刷够 30 次，这对于前、中期的活跃经营大有裨益。

图 3-10　平安悦享白金信用卡微信支付笔笔返

有研究表明，顾客第 5 次购买时，黏性才能养成。如果前期客户都使用了 30 次，那么后续活跃的概率就大大提升了。这种小额高频的权益设计，值得继续探索。

2023 年 3 月 29 日，中国农业银行信用卡发给我一条短信（见图 3-11）：即日起至 3 月 31 日，使用农行信用卡

【中国农业银行】亲爱的包××先生，春风十里，不如刷卡有礼。即日起至 3 月 31 日，使用农行信用卡任意单笔消费满 10 元，即可获得 3 元返现，当月最多可获得 5 笔返现哦！ 4 月您还可以继续享受 5 笔"满 10 返 3"返现权益！戳 5gd.cn/bcPBFx 了解活动详情，祝您生活愉快。退订请回 TD#XYK。

图 3-11　农行信用卡优惠活动短信

任意单笔消费满 10 元，即可获得 3 元返现，当月最多可获得 5 笔返现哦！

大部分人都有占便宜心理，我也不例外。

收到这条短信，消费者心中就会有一个小计划，下次消费时，提醒自己一定使用中国农业银行信用卡。这种活动对于促动"摇摆客户"，非常有效，用谁家信用卡都是用，动动手指就能获得优惠，持卡人绝对不会放过。如果放过了，就感觉自己白白损失了 15 元钱，损失规避的心态也不允许他们错过这个机会。

而且，消费者不会为只刷 10 元钱，而是在需要真实消费时，切换中国农业银行信用卡这么简单。

这 5 笔返现活动，第一笔就赢回了我的 3 800 元交易，连续第 2~5 笔，我都选择使用中国农业银行信用卡，甚至当月第 6~15 笔交易，我也惯性使用了中国农业银行卡消费，共计消费金额 5 891.39 元，如图 3-12 所示。

> 【中国农业银行】截至 4 月 7 日，您尾号 7378 的信用卡账单人民币应还款额 5,891.39 元，最低还款额 294.57 元，请于 5 月 2 日前还款。更多服务尽在农行掌银 http://go.abchina.com/?LinkId=600038

图 3-12　个人中国农业银行
信用卡账单提示短信

投入 15 元，赢回 5 891.39 元增量交易，农行的这种确定性消费立返活动，有效地抢夺了"摇摆客户"的钱包份额，目的明确，手段有效，成果显著。虽然它没有明确要求客户使用微信支付，但我相信，短时间内想要用完 5 笔优惠，大部分顾客一定会选择快捷支付。

投什么——打造支付生态，构建行业护城河

投什么？这是我们需要思考有限资源投向的第二个问题。与其打一枪换一个地方，不如在一个领域压倒性地投入，让消费者形成记忆，逐渐形成口碑，甚至构建自己的护城河。

平安银行信用卡深圳分中心，在打造本地车主停车生态方面，做出了有益尝试，效果十分显著。

针对占比较高的百万平安信用卡车主客户，深圳分中心致力于为车主客户提供小额高频的停车随机立减服务。通过与在线停车品牌捷停车、ETCP、PP 停

车、商圈停车合作，几乎覆盖全市所有停车场。客户只要选择平安信用卡微信支付停车费，就有机会享受随机立减。

这种切入消费者生活刚需，高频全覆盖的活动，效果非常好。仅2021年一季度，参与停车活动的客户就有17万，车主客户覆盖率较高。同时，因为停车活动的带动，车主客户的消费提升几倍高于其他类别的优惠活动，投产比非常高。

结合前面提到的深圳地铁出行优惠、中石化及中石油的加油优惠、洗车优惠等，平安信用卡深圳分中心在用户出行生态方面，已经实现了全覆盖，照顾到了有车客户和无车客户的出行需求，形成了自己的差异化竞争优势。这一生态的投入，无疑强化了平安信用卡的品牌优势，对车主客群的活跃有立竿见影的促动。至于是否称得上护城河，则需要时间的检验。

但是，招商银行在餐饮支付生态的建设与成就，绝对称得上是护城河级别的。

通过长达数年甚至是十年的积累，招商银行信用卡专注于"饭票"生态的构建。从开始通过地推，逐家商户谈判沉淀，补贴促活，到借助掌上生活App构建以自己为中心的衣食住行平台，招商银行在生活消费领域，已完全甩开了其他竞争对手，形成了自己的壁垒。

有几个方面可以证明：

（1）与商户的常规优惠活动，招商银行信用卡无须补贴，而其他银行则需要向合作商户补贴优惠给客户的部分，有的银行甚至是全部补贴。显然，在很多商户心中，与招商银行信用卡合作，对方能为自己带来流量，货真价实地提升营业额。

（2）招商银行的合作商户数量，可能是其他竞争银行的几十倍甚至百倍。虽然没有具体的数据支撑，但是，你只要去商场逛一圈，就会发现无论商户大小，几乎都有招商银行信用卡的优惠。而其他银行的合作商户，则呈一种离散的状态，没有规模也不聚焦。招商银行这种商户规模优势，对其信用卡客户的活跃，也是有一定原因的。只要你是其信用卡用户，到大部分商户支付时，都能享受到优惠。商户越多，优惠就越多；优惠越多，客户越活跃；客户越活跃，口碑带来的新增客户也越多；持卡客户越多，商户就会更多。如此良性循环，形成增强回路，逐渐形成了竞争对手短期难以复制的竞争优势。

（3）掌上生活 App，月活量 4 300 万。正是由于其前期积累的线下商户资源，才有了掌上生活月活量 4 300 万的基础。线上与线下的相互增强，也是其他银行难以企及的优势。

（4）以自己为中心，捎带众商户，进行社区广告推广。你经常会看到，招商银行信用卡凭借强大的商户资源与优惠，在小区电梯广告里，以自己为中心，对覆盖社区周边的支付优惠独立地广而告之。这是一种何等的自信，迄今为止，没有第二家信用卡中心，可以以社区为单位，对其信用卡支付所涵盖的优惠，独立地进行广告宣传。单这一点，招商银行信用卡商户生态的强大，可见一斑。

招商银行的强大，与其长年持续笃定的生态投入，有着密不可分的联系。

其他银行是否有突围之路呢？

招商银行以商户资源见长，但在商圈的整体合作方面，其他银行仍然存在机会。跟随消费升级，寻求与大型商圈的合作，是其他银行可能的突围之路。以深圳为例，7~10 月是消费旺季，银行可以以商圈为单位，在商圈优惠的基础上拿出一部分资源叠加来谈合作。第一，双方叠加资源，消费者获益，有利于商场营业额的提升；第二，银行坐拥规模庞大的客户，拿着叠加资源，推动客户去商圈消费，为商家引流；第三，商场有流量，也是信用卡客户消费聚集地，相互引流，有合作基础。

这种模式，短期内有一定的追赶效果，长期能否形成一种竞争优势，具有重大的不确定性。

投给谁——把有限资源花在刀刃上

平均一个客户一个季度，营销费用的投入不到 1 元，这就是资源现状。

为提升银行信用卡客户的整体活跃率，我们需要解决的问题是，如何把有限的资源精准投给某几类客群，以实现活跃率的整体提升。

显然，平均主义不是解决路径，市场部门必须有所取舍，学会精准花钱。那些连续三个月都在活跃的客户，即使你不给优惠，他也会一如既往地选择你，因为你一直都是他的主用卡，他甚至没有别的信用卡。

而那些突然离去的客户，或者突然到来的客户，或是摇摆不定的客户，可能就是我们精准投放的对象。正如中国农业银行在我身上投入的 15 元钱，就非常精准。我只有两张信用卡：一张是平安银行信用卡；另一张是中国农业银行信用卡。前者是我的主用卡。

但是，我在微信端绑定了很多信用卡及借记卡，包括中国农业银行信用卡。因此，对于中国农业银行而言，我就是摇摆客户，由于切换支付方式的成本很低，所以，中国农业银行通过 15 元的小奖励，就能阶段性地赢得我的消费，这就是一种资源的精准投放。

我们有两种维度，筛选精准投放客群。一种是看客户月活数据（见表 3-2）；另一种是看单月交易笔数（见表 3-3）。

表 3-2　信用卡客户月活数据表

客户活跃——按活跃月份数		
客户活跃分层	客户数（人）	占比
激活客户总数	30 000 000	100%
连续活跃 3 个月及以上	18 600 000	62%
连续活跃 2 个月	1 500 000	5%
当月活跃	2 400 000	8%
静止 1 个月	1 800 000	6%
静止 2 个月	900 000	3%
静止 3 个月	600 000	2%
静止 4 个月	600 000	2%
静止 5 个月	300 000	1%
静止 6 个月	300 000	1%
静止 7 个月及以上	3 000 000	10%

注：模拟数据。

表 3-3　信用卡客户交易数据

客户活跃——按交易笔数		
客户活跃分层	客户数（人）	占比
激活客户总数	30 000 000	100%
11 笔及以上	6 600 000	22%
6~10 笔	4 200 000	14%
5 笔	1 500 000	5%
4 笔	1 800 000	6%
3 笔	2 400 000	8%
2 笔	3 000 000	10%
1 笔	3 000 000	10%
静止	7 500 000	25%

注：模拟数据。

如果我们把全量客群按照连续月活次数分类，可以分为连续三个月及以上活跃、连续两个月活跃、当月活跃、静止一个月……静止六个月。这个维度，能很快洞察自己客户的活跃情况，并能作为资源投放的一个重要决策依据。

有一个重要假设和经验，那些连续三个月活跃的客户，在后续月份活跃的概率极高，超过 90%。而当月活跃、后静止 1~2 个月的客户，则需要重点照顾。因此，我们的营销活动，应重点照顾在当月活跃及已经 1~2 个月没动的客户，以赢得他们在下一个月的活跃。

而处在极度活跃和极不活跃两端的客户，在资源有限的情况下，则是营销促动的次重点。尤其那些沉睡了六个月的客户，甚至一开始就未激活的客户，唤醒的难度和成本都很大，投入产出并不经济。

对于当月客户，我们还需要切入"交易笔数"这个维度，看得更细更精准。一般而言，当月消费三笔以上的客户，其下月活跃的可能性在 80% 以上；消费六笔以上，下月活跃的可能性则在 90% 以上，这些客户我们可以不用特别照顾。而应该将资源重点投向那些当月静止或消费笔数只有 1~2 笔的客户，带动他们持续活跃。

他山之石，可以攻玉。在其他行业，还有一种精准促活的客户分析模型——RFM 模型。

RFM 模型是衡量当前用户价值和客户潜在价值的重要工具和手段，也是客户分层经营和精准触达的关键策略。RFM 是 recency（最近一次消费）、frequency（消费频率）、monetary（消费金额）三个英文单词的首字母的组合。借助这个工具，可以从三个维度把客户分为八个类型。即最近一次消费时间的远近、消费频率的高低、消费金额的高低三个维度。

按照这个模型，我们可以将信用卡客户定义为八大类（见图 3-13）。

第 1 类：常贵客。交易金额大，交易频次高，一直都用本行卡消费的客户。

第 2 类：突现的贵客。最近突然出现，交易频次低，但交易金额高的客户。

第 3 类：离去的常贵客。曾经交易金额大，且交易频次高，最近不交易的客户。

第 4 类：一次性消费的贵客。很久之前出现，偶发性大金额消费的客户。

第 5 类：常客。交易金额小，交易频次高，一直都用本行卡消费的客户。

第 6 类：突现的普通客人。最近突然出现，偶发交易，交易金额低的客户。

第 7 类：离去的常客。曾经频繁小金额交易，最近突然不交易的客户。

第8类：一次性消费的普通客人。很久之前出现，偶发性小金额消费的客户。

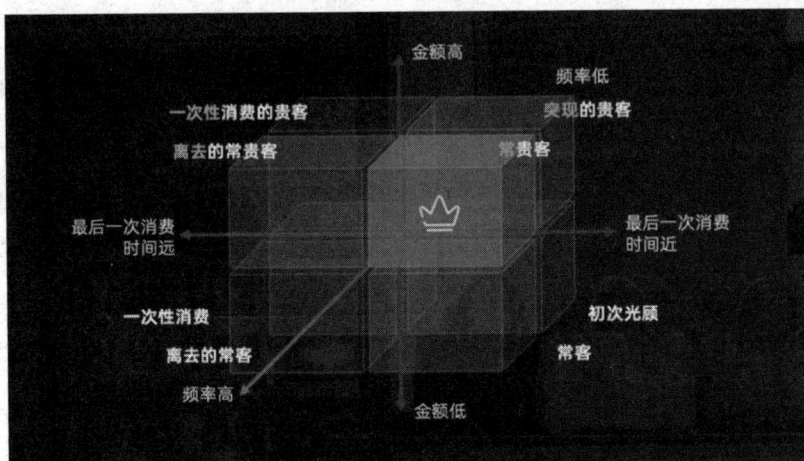

图 3-13　RFM 客户分析模型

有了这个模型，策略就会浮出水面。如果资源有限，那么我们应该特别聚焦第 2、3、6、7 类客户。

比如第 2 类突现的贵客，大额交易的客户非常珍贵，对消费的贡献很大，一般需要花很大的力气，才能赢回。如果他们自己主动上门，这样的机会，我们需要格外重视。我们要想办法满足他们的需求，留住他们，并变成常贵客，就能带来交易的提升。

第 3 类离去的常贵客，则需要复盘客户流失的原因，是因为服务体验不够好，还是竞争对手给的条件更有吸引力，找到核心原因并立即改善。一个常贵客的离去，必然会带来交易金额的下降，很伤元气。防流失部门的关键工作，就是要常态服务好这个客群。

很多互联网企业，已经在用 RFM 模型来细分和管理客群。按照最近一次交易、交易频次二维多宫格划分客户，并通过颜色三维标记客户的交易金额。

如表 3-4 所示，横向表头行按照客户交易频次从 1 次到 5 次设定，纵向表头列按照 30 天、90 天、180 天、365 天维度看客户最近交易时间。比较理想的结果是，图表越靠右上角，客户规模及占比越大。如果不是这样的结构，则需要通过营销策略及资源倾斜进行调整。

表3-4　RFM模型实际运用案例

消费时间（R）	频次（F）					行合计
	F=1	F=2	F=3	F=4	F=5	
R ≤ 30 天	89 人 占比 4.55%	35 人 占比 1.79%	22 人 占比 1.12%	5 人 占比 0.26%	153 人 占比 7.82%	304 人 占比 15.54%
30 天< R ≤ 90 天	170 人 占比 8.69%	34 人 占比 1.74%	15 人 占比 0.77%	11 人 占比 0.56%	80 人 占比 4.09%	310 人 占比 15.85%
90 天< R ≤ 180 天	249 人 占比 12.73%	32 人 占比 1.64%	22 人 占比 1.12%	15 人 占比 0.77%	97 人 占比 4.96%	415 人 占比 21.22%
180 天< R ≤ 365 天	131 人 占比 6.70%	28 人 占比 1.43%	19 人 占比 0.97%	11 人 占比 0.56%	83 人 占比 4.24%	272 人 占比 13.91%
R > 365 天	363 人 占比 18.56%	76 人 占比 3.89%	43 人 占比 2.20%	29 人 占比 1.48%	144 人 占比 7.36%	655 人 占比 33.49%
列合计	1 002 人 占比 51.23%	205 人 占比 10.48%	121 人 占比 6.19%	71 人 占比 3.63%	557 人 占比 28.48%	1 956 人 占比 100%

显然，信用卡行业的大数据团队，应该引入 RFM 模型来管理庞大的客户，并通过一定的营销动作，来管理和提升客户的活跃率。

第四章

盈利：如何提升一张信用卡的收益率

　　我经常会问一个问题，一家机构赚取的利润多，是不是就代表它的盈利能力强？答案惊人的一致——大部分人都认为利润越多，赚钱能力就越强。

　　我又会问，如果有两个投资选择摆在你面前：一个是投入1万元一年回报1 000元；另一个是投入2万元年收益1 800元，你会选哪一个？

　　很多人思考一下，果断选择第一个投资。明明第二个投资绝对收益更高，为什么大部分人选择第一个投资？显然，大家在决定要不要投资一个项目时，看的并不是绝对利润，而是依据收益率的高低来作出决策。

　　同样是赚10亿元，投资100亿元和200亿元，赚钱的效率是有本质区别的。同样是100米赛道，你花费12秒跑完和苏炳添花费9秒83跑完，这不到3秒的差距，就是你和亚洲飞人的根本区别。

　　正如速度是衡量短跑能力的指标一样，收益率是衡量赚钱效率的根本指标。如果一个机构的负责人不能正确理解这个逻辑，下沉的经营动作就会跑偏。

● 生息资产占比：中国信用卡盈利能力的核武器

本书第一章已经介绍了信用卡的赚钱逻辑。我们从信用卡的申请开始，带你穿行整个生命周期的损益节点，并用杜邦分析体系完整解构行业的财务逻辑。

信用卡的四项收益减去三项成本的差，就是资产收益率（以下简称 ROA），它是最为核心的赚钱能力指标。

再进一步推导，我们找到了四大关键驱动因素（见表 4-1）：两种价格和两个比率。

表 4-1　信用卡行业四大关键驱动因素

两种价格	两个比率
利率定价 信贷供给过剩的竞争 + 低利率趋势	生息资产占比 客群结构决定生息偏好和生息占比
资金成本 付息成本上升，需要整存款结构	呆账率 客群结构决定资产结构决定风险水平

这四个驱动因素当中，对信用卡中心而言，最能有所作为和主动干预的，就是生息资产占比。将这个指标，比喻为全行业盈利的核武器，一点儿都不为过。

我们甚至以这个指标为切入点，把信用卡的商业模式，设计为"通过向一部分客户提供免费的资金使用（全额还款客户），而从另一部分客户（分期循环客户）赚取回报的商业模式"。

付费使用资金的人越多，盈利能力就越强。所以，全行业的卡中心，都在为如何提升生息资产占比而努力工作。

你可能还有一个疑问：信用卡收入里不是还有一项交易手续费，即商户向银行支付的刷卡回佣，这里有提升空间吗？

如前所述，商户回佣率在 4‰ 左右，全年收益率在 4.8%，和资金成本基本打平。因为每发生一笔消费，银行在享有 4.8% 交易手续费率的同时，要为该笔交易垫付约 3.6% 的年化资金成本。

如果真要提升交易环节的收益率，只有一条路可走，那就是提升境外交易的占比。因为境外交易的单笔回佣率 1% 左右，年化收益率 12%，非常客观。如果一家银行的境外交易占比有 30%，其加权回佣率 6.12%，较境内交易的 4.8%，提升较多。

但是，除招商银行外，绝大部分国内银行的境外消费占比，甚至不到 1%。而且，随着近几年，境外交易占比还在持续下降，短期提升难度很大。这也是招商银行信用卡，在盈利能力方面的竞争力之一。

到这里，我们还可以回答一个问题，为什么中国信用卡学不会美国运通模式？

根本原因在于收入结构的差异。因为交易手续费率高，加上自身强大的品牌和高端商旅资源，美国运通的收入结构里，交易手续费、品牌授权费、权益使用费、年费等是大头，可以不依赖于信贷规模而独立存在。这些收入，可以理解为中间业务收入。该部分收入占比越高，其对信用卡贷款生息能力的依赖程度就会越低，就越能专注于为持卡人提供更好的服务。

也是基于收入结构这个原因，国内信用卡中心不约而同地走上了依赖信贷收益的道路，从而形成了重资本、轻服务、同质化的行业特色。

所以，结论很明显——现阶段，我国信用卡盈利能力的核武器，是生息资产占比。

● 红利消失：贷款规模、生息资产占比双降与回升

我们反复提到"存量时代""红利消失"这些底层逻辑，对信用卡行业的影响是综合的，体感也很强烈。作用在新户增长，则体现为增速放缓，新户活跃率降低；作用在交易金额，则体现为客户的钱包份额被瓜分，户均交易走低，存量客户活跃率降低，最终体现在交易金额上的持平或者下降。

这个逻辑，作用在贷款余额和生息资产占比上，同样成立。

自 2017~2019 年三年高速发展后，2020 年行业进入理论性的存量拐点，如图 4-1 所示。即使没有疫情，高渗透的存量博弈带来的贷款余额增速下降，只会延迟，但不会缺席。

根据中国人民银行发布的《中国支付体系运行总体情况》一文显示，2020 年国内银行卡未偿信贷余额为 7.91 万亿元，较 2019 年仅增长 4.2%，增长率历年最低。

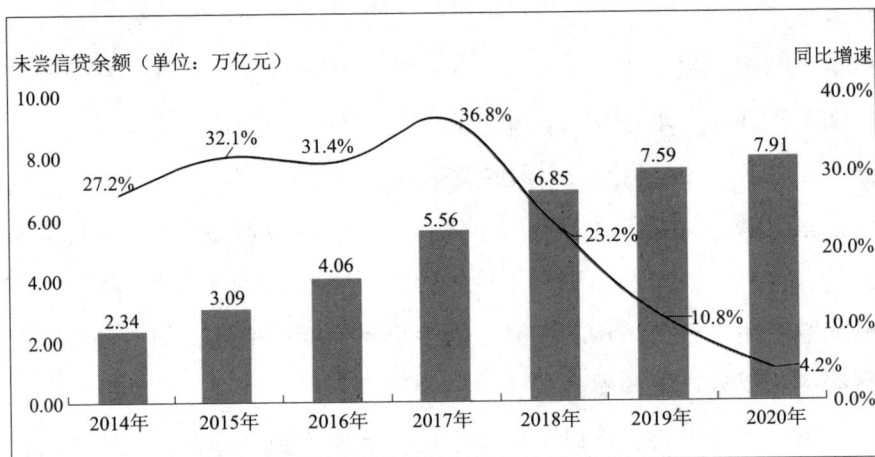

图 4-1 2014~2020 年国内银行卡未偿信贷余额及同比增速

数据来源：中国人民银行网站。

生息资产占比也一样，在一些信用卡中心，生息资产比重，2020 年较 2019 年呈负增长趋势。

2020 年由于疫情的原因，存量博弈的趋势提前了，各个信用卡中心贷款余额和生息资产占比开始跳水。

2 月是行业常态消费淡季，当月天数少 2 天，交易也在 1 月提前完成。这种趋势，通常能在春节后的 3 月迎来反弹，恢复到正常水平。

但 2020 年的 3 月，我们并没有看到这样的趋势，贷款余额虽然较 2 月有一定回升，但并没有恢复到 2019 年底的水平，下降了近 7%。与此同时，生息资产占比也在下降。这是行业第一次真正遭遇经营挑战。

为管控风险，大部分信用卡中心在春节后迅速反应，开始主动采取行动，对那些高风险的低质客户降低额度，甚至关停账户，以减少未来可能的信用风险。这个举措持续了大半年，使得一部分客户被动流失，甚至超过当年流入的新客户。因此我们看到，在 2020 年，很多信用卡中心客户规模没有增长，甚至出现负增长。

随着下半年疫情向好，宏观经济的改善，贷款规模较上半年也出现了回暖迹象，有一个小幅增长的趋势。但是，这个趋势在 2021 年上半年没有得以延续，有一个小幅回落。

2021 年下半年，随着外部环境的稳定和常态化，各家银行也开始推出积极稳健的提高生息资产占比策略，贷款余额和生息占比自 5 月起，出现止跌回升迹象，给行业注入了一些信心。

对于中国信用卡行业而言，生息资产占比是主要的盈利驱动因素，直接决定了收益率的高低。

我们可以简单算个账，假设某银行信用卡中心生息资产占比 2019 年是 60%，生息资产按 18% 年化收益率，资产（代垫款项）整体收益率就是 $18\% \times 60\% = 10.8\%$；如果 2020 年生息资产占比下降 5 个点至 55%，资产整体收益率为 $18\% \times 55\% = 9.9\%$，较 2019 年下降了 0.9 个百分点。假设该家卡中心的整体贷款规模为 8 000 亿元，则意味着 2020 年因生息资产占比下降导致营业收入减少 72 亿元（同时税前利润也减少 72 亿元），盈利能力较大幅度降低。这对一家银行，尤其是上市银行，并不是一个好消息。

● 产品抓手：循环信用、账单分期、单笔分期、备用金、现金分期

作为信用卡机构盈利主要来源的生息资产，主要包括循环信用（循环余额）和分期余额两类，分期产品往下分为账单分期、单笔分期、备用金（万用金）、现金分期等。以下简单普及各种生息产品知识。

循环信用，是信用卡最古老、最原始的生息产品。简单讲，就是客户没有在还款日内全额还款的剩余金额，是一种按日计息的小额、无担保贷款。

客户需要在当月偿还一个最低金额，叫作"最低还款额"，剩下金额滚动到

下一个账单周期，但要承担利息。最低还款额的比例，通常为当期账单金额的10%（各家银行可自主设定），虽然客户可以根据自己的财务状况，自行决定偿还金额多少，但无论如何不能低于"最低还款额"。

账单分期，顾名思义，就是将应该在还款日内偿还的账单金额，拆分成3期、6期、12期逐期归还给银行，以达到缓解或改善消费者自身财务状况的目的。通常而言，消费者只需要在消费入账后至到期还款日前这一期间，通过电话或自助申请即可。和循环信用一样，客户借助账单分期产品，使用银行资金，需要承担利息费用。

单笔分期，是银行针对客户未出账单的一些大额单笔交易，提供的分期服务。持卡人可将某笔消费，按照固定的期数，分期均额偿还，无须缴纳因未全额还款所应支付的利息。和账单分期最大的区别在于时间，单笔分期针对未出账单的某笔消费，账单分期针对已出账单的总额进行分期。

备用金，是银行在授予客户信用卡固定额度之外，向客户独立提供的一种信用额度，由客户直接分期偿还，是一类独立的信贷产品。通常情况下，备用金额度较高，是固定额度的几倍，但客户只能通过定向消费使用该额度，不可以转入借记卡，也不能取现，资金用途有一定限制。

现金分期，则是灵活度更高的分期产品，是可转账的升级版备用金。对于大部分资金需求类客户而言，更青睐用途灵活、方便快捷的现金分期。各家银行的产品升级迭代也很快，存量客户在线申请，目前基本能做到15分钟到账，如果是转入本行借记卡，则是实时到账，体验较好。当然，由于转入借记卡后，资金安排更灵活，用途难以监控，为控制风险，现金分期产品的额度，通常会低于备用金。

从产品的实质形态来看，循环余额是一类生息产品，其他的分期产品可以统一划归为另一类生息产品。实践中，部分信用卡机构也这样区分，将生息资产整体划分为两类：一类是循环余额；另一类则是分期余额。

在生息资产占比下降的今天，这两类资产的内部构成，也在发生变化。可以明显观察到的一个现象是，循环余额作为一种"古老"的信用卡贷款方式，占比在逐渐降低；而分期产品作为一种更为"流行"的信贷方式，易用性较循环信用更高，占比有所提升。两类产品，呈此消彼长的趋势，如图 4-2 所示。

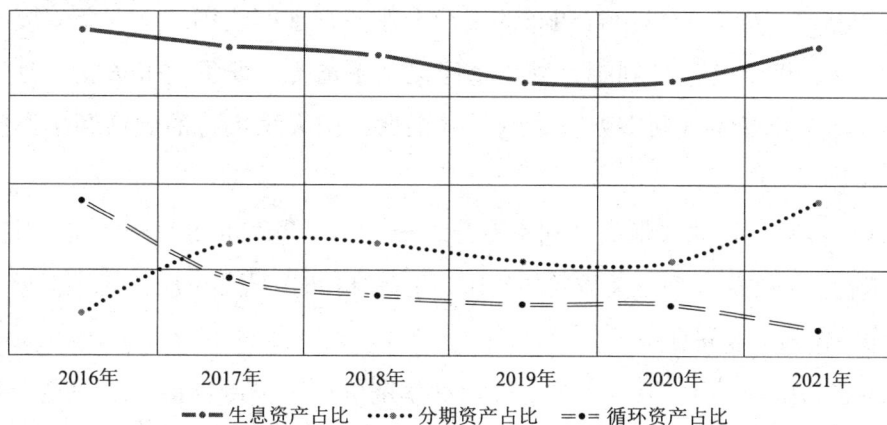

图 4-2　信用卡生息资产占比走势

● 信用卡利率市场化：从高价惩罚到自由定价

利率是资金的价格。信用卡行业几十年，利率定价先后经历了递进利率、固定利率、区间利率及利率市场化四个阶段，也是信用卡行业发展的一个缩影。

第一阶段：递进利率定价。

信用卡行业兴起于 1985 年，但直到 1992 年中国人民银行才颁布行业第一个管理办法信用卡业务管理暂行办法（以下简称"暂行办法"）。

暂行办法第十四条规定，人民币信用卡透支利息自银行记账日起 15 日内按日息万分之五计算，超过 15 日按日息万分之十计算，超过 30 日或透支超过设定限额的，按日息万分之二十计算。透支计算不分段，按最后期限或者最高透支额的最高利率档次计息。

可以看出，行业起步阶段，监管机构对信用卡透支持谨慎态度。通过超期、超额、顶格等带有惩罚性计息的方式，对透支行为进行严管。

1996 年中国人民银行制定的信用卡业务管理办法（以下简称"管理办法"），第十九条对透支利息的最高档计价，进行了下调。即对透支超过 30 天或透支金额超限的，由原来的万分之二十下调至万分之十五。但对三档递进计息的方式，仍然沿用原暂行办法的规定。

第二阶段：固定利率。

1999 年，中国人民银行颁布的银行卡业务管理办法第二十三条，废除了原管理办法设定的递进利率，采用了固定利率定价。即贷记卡透支按月计收复利，透支利率为日利率万分之五，并根据中国人民银行的此项利率调整而调整。

这个调整，将原来最高日利率万分之十五，下调固定在万分之五，对推动信用卡行业的发展起到至关重要的作用，也是维持时间最长的定价政策。

第三阶段：区间利率。

固定利率统一 17 年后，一个推动利率定价进一步市场化的通知终于要面世了。

2016 年 4 月 15 日，中国人民银行关于信用卡业务有关事项的通知的第一条，就对信用卡利率标准设定了上下限，进行更为自由的区间管理。即对信用卡透支利率实行上限和下限管理，透支利率上限为日利率万分之五，透支利率下限为日利率万分之五的 0.7 倍。

自此，信用卡利率定价，从固定价格向区间价格迈出了重要一步，推动信用卡行业向着更加市场化的方向前进。一方面是为适应更加充分竞争的自由市场；另一方面也是顺应低利率走势的金融新时代。

第四阶段：利率市场化。

区间利率实施四年后，一个真正把信用卡行业推向自由竞争红海的通知，于 2020 年横空出世。

2020 年 12 月 31 日，中国人民银行关于推进信用卡利率市场化改革的通知发布。短短三段文字讲了一个核心内容，即自 2021 年 1 月 1 日起，信用卡透支利率由发卡机构与持卡人自主协商确定，取消信用卡透支利率上限与下限管理（上限为日利率万分之五、下限为日利率万分之五的 0.7 倍）。

这意味着，从此以后，信用卡透支利率彻底进入市场化阶段。也是存量时代信用卡行业自由竞争的大势所趋。

这必将推动行业新一轮的竞争，那些具有定价能力的优质银行信用卡中心，将借用自己低资金成本的优势，不断在增强回路中巩固加厚自己的竞争壁垒；

而那些缺乏定价能力的银行，则不得不选择"高定价＋高收益＋高风险"的策略，切入次优市场的竞争。

● 自由定价：信用卡红海竞争的增强回路与调节回路

利率定价，作为信用卡业务四大关键驱动因素之一，牵一发而动全身，并非孤立存在。其波动直接指向最后的经营成果，对信用卡中心的盈利能力起着决定性的作用。

利率定价受资金成本影响，又决定着生息产品的市场竞争力，同时产品适配的客群，抗风险能力也大相径庭，使得四个关键因素相互作用，最终形成了不同信用卡机构的定价策略。

具体而言，那些存款付息成本越低的银行，其贷款的差异化定价自由度就越大，产品的市场竞争力就越强。反过来，存款成本越高的银行，其贷款利率下浮空间越小，产品就缺乏吸引力。前者主要指国有银行，后者主要指股份行和城商行。

当然，股份行之间也会有很大的差异。如招商银行，其信用卡业务的资金成本，比同业低，这是其差异化的竞争力。

再进一步，那些贷款利率有竞争力的银行，能吸引和筛选更多的优质客户，生息资产规模将进一步提升，增强信用卡中心的盈利能力；同时，更多的优质客户，意味着更低的风险损失，使盈利能力进一步提升。这种增强回路，如图4-3所示，在利率市场化下，使得优质银行的信用卡中心如虎添翼，可以对竞争对手实施降维打击。

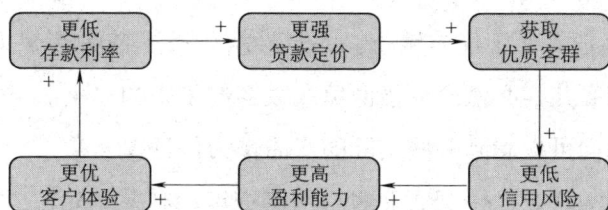

图4-3　低资金成本形成的增强回路

提升零售服务可以带来的好处：吸收存款→存款利率低→贷款定价有竞争力→吸引优质客户→提升生息资产规模＋信用风险低→盈利能力更强→利润更高。

反之，存款成本高的银行，其信用卡机构的经营则会进入负向增强回路，形成一条调节回路，使得其竞争力逐渐减弱，如图 4-4 所示。

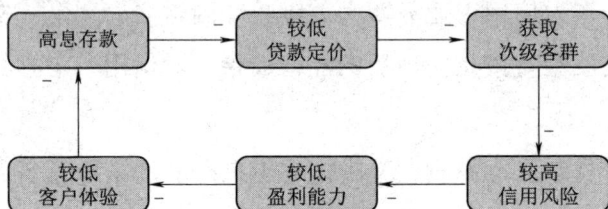

图 4-4　高资金成本形成的调节回路

零售服务缺乏竞争力会带来的结果：高价吸收存款→存款成本高→贷款成品竞争力弱→吸引低质客户→生息资产规模增长缓慢 - 信用风险高→盈利能力弱→利润低。

由此可见，不同的银行根据自身的付息成本，在以上两个经营回路中，或主动，或被动地做出了经营选择。

如很多股份银行，被迫选择了第二条道路。在资金成本缺乏竞争力的情况下，贷款定价无法与优质行竞争，最终选择了"高收益高风险"的经营之路。看上去是一种选择，实则可能是一条必走之路。

这条路隐藏着危机。

什么样的客户会愿意付更高的利率，去融通资金呢？显然，只有那些个人资信不够好的客群，才会选择更高的成本来获得银行的资金。

这一群人在银行的贷款，构成了银行资产的一部分，这部分资产质量和抗风险能力，肯定是要低于优质银行。一旦经济下行，或者有黑天鹅事件，那些高收益积攒的家底儿，必然会加倍回填次级客群带来的损失。

现实中，我们可以看到一些实际的产品作为佐证。

同样是信用类贷款，中国农业银行网捷贷年化利率 4.50%，中国银行中银 E 贷 4.00%，但中信银行信秒贷利率 6.61%，较前两家行都要高。显然，中国银行、中国农业银行贷款定价能力，较中信银行更强。

信用卡分期产品定价，也遵循这个逻辑。

互联网平台的资金成本，也不会比传统银行低，其贷款价格自然也高。比如，支付宝借呗，年化利率为 18.25%。

● 营销触达：短信、电销、客服、微信、App、销售队伍

生息资产是中国信用卡行业的主要盈利抓手，所以，各大银行几乎倾尽了所有可能的手段和渠道触达客户，以提升其生息资产规模。

第一，短信。

在还处于功能手机时代的 2012 年以前，短信是银行营销的主要手段之一，即使在 10 年后的现在，这种营销手段仍然沿用。十年前，我们采用短信上下行的方式，给客户推荐分期，如图 4–5 所示。只要客户回复"Y"，就算办理分期成功。我找到中国农业银行和平安银行现在还沿用的短信推广方式，和以前并没有本质区别。由于消费者的注意力，已经不在短信，这个渠道的效果和成交量下降明显，几乎是最差的渠道，占比应该是个位数。但是短信的成本较低，银行仍然不会放弃这个渠道。

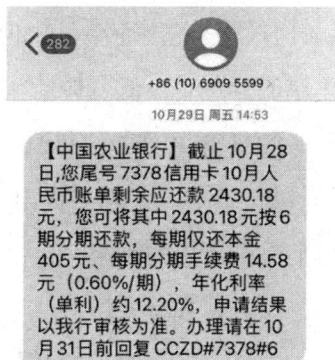

图 4–5 中国农业银行账单
分期营销短信

第二，电销。

顾名思义，就是银行信用卡中心自己组建的一支队伍，租用一个场地，通过外呼系统，向潜在分期客户推荐账单分期、单笔分期、备用金等产品。无论在互联网时代，还是移动互联网的十年，电话营销都是分期营销的主要渠道，占据了业绩的"半壁江山"。

这个模式虽然比较重要，但名单在银行手里，电话可直接触达客户，整体效率相对较高。随着技术的进步，很多银行开始启用 AI 外呼，在成本和效率上实现了极大地跃迁。人工外呼，每人每天的外呼量在 150 通左右，一个 200 人

的团队，一天的外呼量约 3 万；如果启用 AI，一批 10 万的名单，在几分钟内就能完成，效率和成本不可同日而语。

由于人们对营销电话的麻木和警惕，电销模式也在不断进步。

官方号码外呼显示，被客户拒绝的概率越来越高，接通率变得越来越低，但一旦接通，信任感比较强。为提升接通率，很多银行电销中心采用了虚拟号码外呼，客户看到的是一个虚拟的 11 位手机号码，接通率较高，但由于不是官方号码，客户的信任度变低。

于是，电销中心的负责人面临一个决策，选官方号码还是虚拟号码？

这是一个简单的数学题，算一下整体转化率就知道了。

这样计算：转化率 = 外呼接通率 × 接通转化率。

官方号码接通率低，但接通后转化率高；虚拟号码接通率高，但接通后转化率低。一高一低，最后就看两者的乘积，综合转化率高者胜出。

2021 年 8 月 20 日出台的《中华人民共和国个人信息保护法》，对个人信息的收集、存储、使用等提出了更为严格的要求，如果严格落地，对电销行业而言，可能是个巨大的利空。

第三，客服渠道。

这是一个补充渠道，但成交量也不低。还有一个专业的叫法——服务转营销。就是在客户主动拨打银行客服电话寻求服务后，客服人员在电话结束时，一句话给客户的营销推荐，主推的产品是账单分期、单笔分期。

这是一种将客服中心由成本中心转向利润中心的经营思路，不放过任何一个可能的营销机会。由于客户是主动进线，创造了主动营销触点，被打扰的程度较低，体验相对较好。作为一种长尾的营销方式，其生命力更强。

第四，App 和微信。

这两个渠道，是移动互联网十年的新兴渠道。为给自家客户提供优质的服务，同时将客户留在自己的平台，几乎所有银行都有自己的官方 App。头部银行 App 的注册用户，一点儿不亚于互联网平台，动辄几千万甚至上亿的用户。比如，招商银行掌上生活，拥有 1.17 亿注册用户，MAU（月活用户）4 347 万，是其信用卡线上触达客户和经营客户的主要阵地。

因此，App渠道超越了传统电销渠道产能，成为第一大生息渠道。当客户符合生息资格时，银行会通过App开机页面、弹屏页面、消息中心等方式，在站内直接触达客户。只要客户在App活跃，信息就能被触达，成交的可能性就会提升。

而且，App营销成本相较于电销，具有明显的优势。电销每成交一单分期，需要投入人力、职场等费用，边际成本较高，规模扩张容易受限；而App渠道的分期成交，边际成本接近于零，理论上规模可以无限做大，成本优势碾压电销。

微信渠道，按成交金额排序，是继App和电销之后的第三大渠道。但是，其生产力较前两者，衰减较为明显，主要原因还在于交互体验。通过微信公众号办理分期，交互层级较多，每一个环节都会有一定比率的衰减，不如App界面友好和直接，所以，漏损比较严重。如果非要找一个对标渠道，其成交规模和银行客服（服务转营销部分）产能，在数量级上是相当的。

从整体上看，对相对成熟的信用卡中心而言，官方App和电销是其分期成交最主要的两大渠道，产能可能在70%左右；而其余30%的成交金额，则由微信、客服、短信等渠道贡献。

以上渠道，主要是针对银行既有的存量客户。由于分期业务是生命线，很多银行还将分期业务向新户群体渗透。在客户生命周期的起点，培养其生息的习惯，无疑也是一种很好的经营思路。

招商银行信用卡新户商品分期，在业界有一些名气。

新客户申办信用卡提交信息后，工作人员PAD屏幕会自动跳出分期推荐，爆款商品四选一，包括如Folli Follie轻奢橙色格子表和潮流女士手表、WMF Diadem Plus锅具四件套、西屋厨电三件套、双立人锅具四件套等。

产品价格在1 000~3 000元，0息0费12期分期。但凡对产品有兴趣的客户，都愿意免费分期购买。当然，招商银行在选品和价格上，都比较讲究。相同的产品，比在京东卖价便宜不少，商家对分期产品全部贴息，而且每单分期还向直销业务员支付成交佣金。

一旦商品分期办理成功，意味着未来 12 个月，这个客户每个月至少会活跃一次，这极大地解决了行业新户不活跃的现状。而且，当商品分期结束，银行再向其推荐其他分期产品，客户的认知和接受程度，肯定比一个完全没有分期习惯和意识的客户高很多。这对信用卡机构的盈利能力，有着积极的带动作用。

第五章

风控：如何减少客户违约率

　　中国信用卡孕育于国家发展的黄金 40 年（1978~2018）中，并在这期间从起步、高速发展走向了成熟。与许多信用卡发达的国家和地区相比，中国信用卡行业并没有真正经历过经济周期的考验和洗礼，更没有发生大的信用危机。

　　所以，中国信用卡对于经济周期及信用卡信用风险带来的危害，缺乏真实的体感。下面我们来回顾一下韩国信用卡危机，希望能从中找到一些历史脉络，以史为鉴，更好地面向未来。以怎样的方式对待过去，决定了我们有怎样的未来。

● 韩国信用卡危机

2003 年的一天，一个 34 岁的韩国家庭主妇，因不堪信用卡债务催讨，从高层公寓将自己的 3 个孩子推了出去，然后自己也纵身跃出，结束了一家人的性命。

这是韩国信用卡危机的一个缩影。2003 年，韩国信用卡行业危机全面爆发。韩国政府对危机的发生都起到了推波助澜的作用。

政府大力鼓励消费贷款，提振内需

韩国人民并不是一开始就热衷于超前消费。1995 年，韩国的储蓄率为 35.5%；金融风暴后的 1999 年，韩国家庭储蓄率高达 45%。

整个社会对信用卡的接受程度不高，很多商店明确拒绝消费者使用信用卡，甚至对商品标记两种价格，刷卡支付的价格要更高。

但 1997 年的亚洲金融风暴改变了一切。面对出口乏力和内需不振的困局，韩国政府开始大力鼓励消费贷款，以提振内需。韩国政府在扩大内需方面，是不折不扣的主导者。

一方面，韩国政府以法律形式为信用卡消费保驾护航，大力提倡使用信用卡。

1997 年 8 月，韩国制定了专业信贷金融业法，允许一家公司综合经营多种消费金融业务。1999 年起，推出了一系列鼓励信用卡产业发展的政策，如废止预借现金 70 万韩元的上限规定；解除预借现金比例不得超过 50% 的限制（中国信用卡也有此比例限制）；允许信用卡支出超过个人收入的 10%。

对于商家，韩国政府也采取了一些政策，要求他们接受信用卡交易。比如，年销售额达到 2 400 万韩元以上的商家，必须接受信用卡交易，否则将面临一年期以下有期徒刑或 1 000 万韩元以下的罚款。对于允许信用卡支付的商家，则有税收抵扣及兑奖等优惠政策。

另一方面，韩国财政则为鼓励信用卡消费提供真金白银的激励。

比如，个人信用卡消费额的 20%，可以在年底从个人应纳所得税额中扣除，最高可抵扣 500 万韩元。

自 2000 年起，每笔信用卡金额在 1 万韩元以上的交易，持卡人可凭收据参与兑奖，最高奖金为 1 亿韩元现金。商家同样可以参与兑奖，最高奖金额度为 2 000 万韩元。

此外，商家每年可就交易金额的 2% 抵扣营业加值税（相当于中国的增值税），最高额度为 500 万韩元。

与此同时，韩国货币政策大幅宽松。无担保隔夜拆借利率，从 1998 年中的 24%（季度利率），迅速下降至 5% 左右，客观上为信用卡行业提供了充足的流动性，如图 5-1 所示。

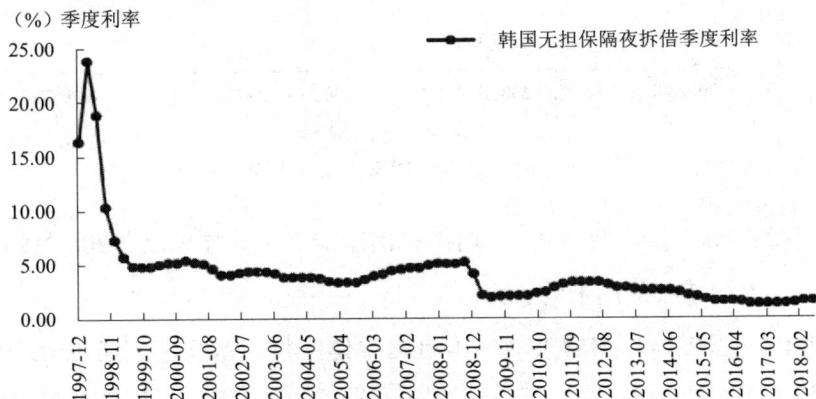

图 5-1　韩国无担保隔夜拆借季度利率

行业快速发展，信用卡热度飙升

在政府对行业的激励政策背景下，韩国信用卡公司快速发展。

一类是银行系信用卡公司，也就是银行信用卡业务剥离出来的子公司；另一类是大型企业成立的信用卡公司，如 LG、三星、现代、东洋等企业纷纷成立的信用卡子公司，有点儿类似于前两年中国互联网平台成立的消费金融子公司。

这些信用卡公司，在政府政策红利的加持下，为追求短期效益而开始过度竞争。

例如，不对客户信用程度进行充分审查就随意无差别发卡；雇用推销人员到处追逐行人推销信用卡；甚至将信用卡发放给未成年学生和无业者。

1999~2002 年，韩国信用卡发卡量以每年 39% 的复合增长率高速增长。到 2001 年底，韩国信用卡发卡量突破 1 亿张，如图 5-2 所示。

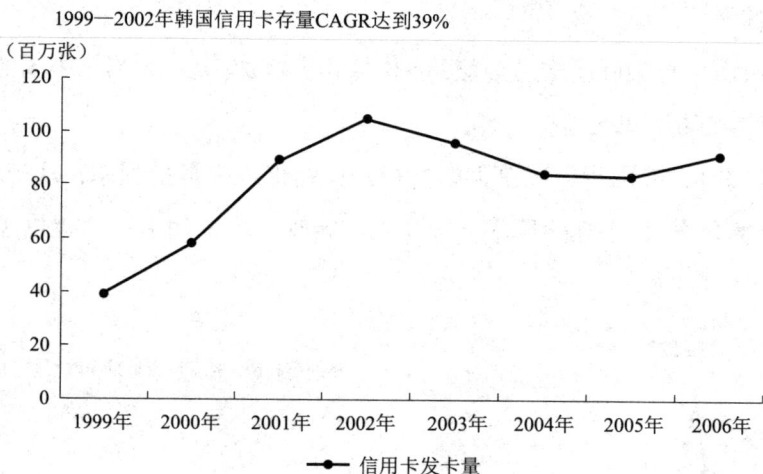

图 5-2　韩国信用卡发卡量趋势

以当时 5 000 万人口计算，人均持有信用卡 2 张。如果以 2 200 万韩国劳动人口计算，人均持有信用卡约 5 张。

当时的韩国媒体，和后来的中国台湾媒体一样，鼓吹韩国是世界上使用信用卡最好的国家之一。彼时的韩国民众，处在政府、银行、媒体鼓励消费的浪潮之中无法自拔。

一方面，民众纷纷自掏腰包，将多年的储蓄消费殆尽。根据统计数据显示，韩国家庭储蓄率从 1999 年的 16%，下降到 2002 年的 1%，如图 5-3 所示。

另一方面，很多韩国人花光储蓄后，通过信用卡预借现金，超前消费甚至是奢侈消费。2000 年，韩国取现业务占信用卡使用总额度的 60%。

1999 年，韩国信用卡支付占个人消费比重为 15%；到 2002 年，这个比重一下飙升到 45%。

1999~2002年韩国居民信用卡使用率大幅上升，储蓄率大幅下降

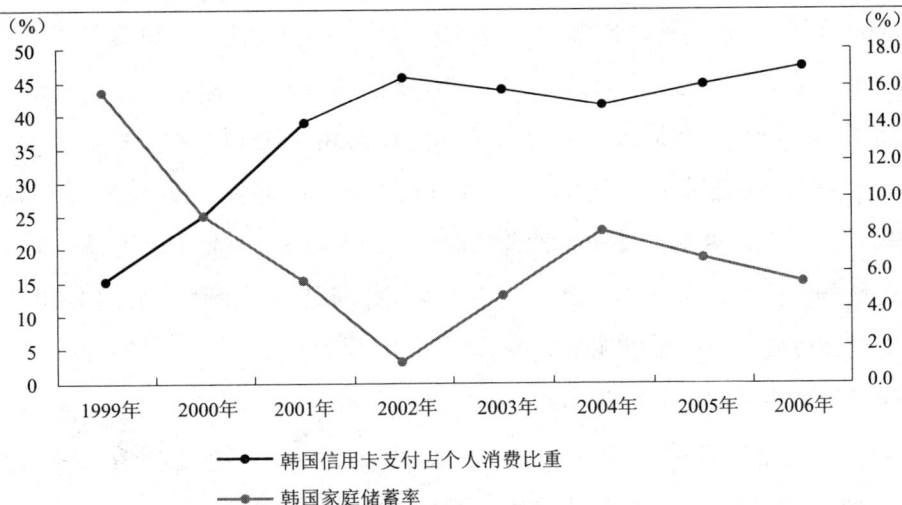

图 5-3 1999~2002 年韩国居民储蓄率

在举国之力的助推下，韩国信用卡交易金额也大幅拉升。1999 年当年的交易金额为 100 万亿韩元，而 2002 年的交易金额则为 600 万亿韩元，短短三年增长了约五倍，如图 5-4 所示。不得不说，这是全世界信用卡行业的增长奇迹，前无古人，后无来者。

1999~2002年韩国信用卡交易额CAGR达到90%

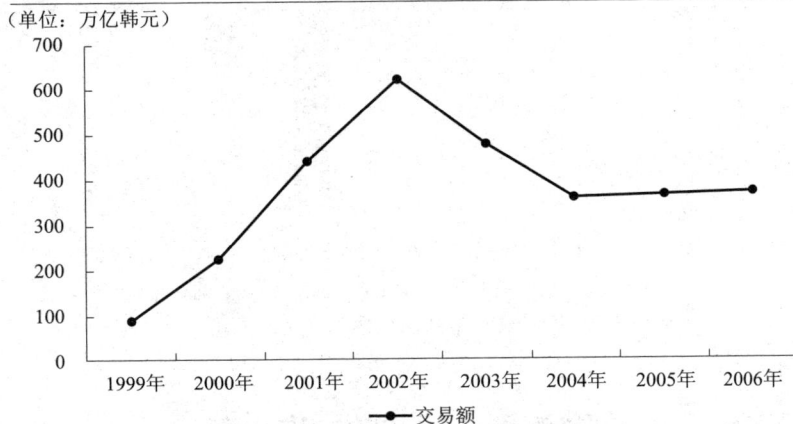

图 5-4 1999~2002 年韩国信用卡交易额走势

泡沫破灭

任何繁荣的背后，都暗藏危机。所有在危机中狂欢的人，通常感受不到危

险的存在，直到雪崩真正的降临。

2002 年下半年，现金贷款拖欠率急剧上升，坏账增加。到 2003 年 9 月，韩国信用卡逾期人数超 300 万人，占当时经济活动人口的 18%。

韩国 LG 集团旗下最大的信用卡公司 LG 信用卡公司，在 2003 年前三季度共亏损 1.02 万亿韩元，其中三季度亏损 2 700 亿韩元，债务拖欠率达到 10.57%；11 月下旬更是出现流动性危机。LG 信用卡公司因此不得不停止个人现金预借业务，公司濒临破产。2003 年 12 月，韩国另一大信用卡公司 KEB 也宣布由于资金短缺而暂停预借现金业务。

这一年，韩国信用卡行业集体遭遇流动性危机。

同时，行业贷款逾期率也急速攀升，由 2001 年的 2% 上升至 2003 年的 14%。14% 的逾期率，足以吃掉行业多年赚取的利润。

从统计数据可以看到，2003 年全行业巨亏超过 6 万亿韩元，比 2000~2002 年三年净利润加总之和还要多，这一年的韩国信用卡行业，泡沫破灭，如图 5-5 所示。

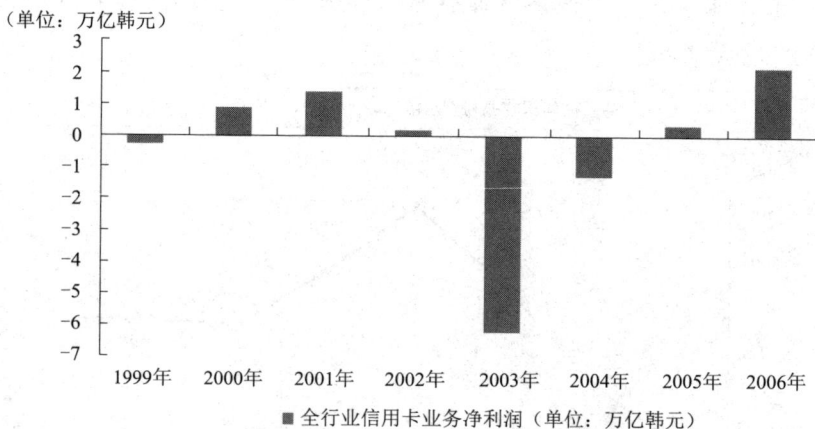

（单位：万亿韩元）

图 5-5　1999~2006 年韩国信用卡业务全行业净利润

● 2020 年：中国信用卡行业的一次小考

2020 年的疫情，对中国信用卡行业而言，无疑是一次黑天鹅事件，更是一次小考验，甚至可以理解为一次危机预演。

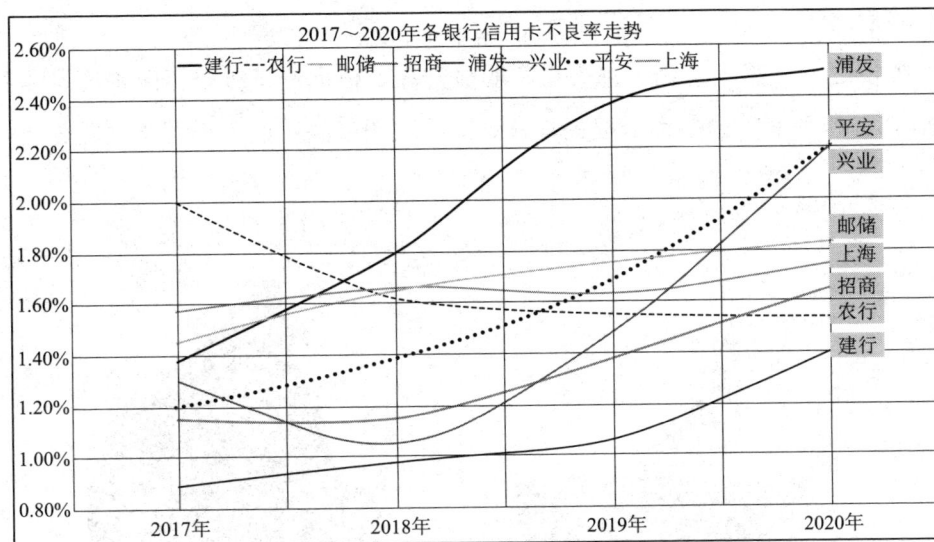

图 5~6　2017~2020 各银行信用卡不良率走势

这一年，几乎所有信用卡机构都受到了影响（见图 5-6），即使稳健如招商银行和中国建设银行，其不良率较 2019 年也有较快增长。而兴业银行，不良率在行业里增长最快。

各家银行从 2 月起就开始主动采取风险管控举措，对高风险客户逐步采取降额甚至强制停卡，以管控预期损失。

所以，从 2 月开始，我们能明显看到各家银行延滞率（逾期 1~5 月金额 / 贷款余额）逐月增长，这种趋势一直延续至 9~10 月，才开始出现拐点。

风险的降临，也有地区差异。

沿海地区如广东省的银行信用卡机构，其风险指标明显差于内地城市。沿海地区的持卡人，相当一部分是个体户和小企业主，属于资金周转型客户，当黑天鹅事件或者经济周期降临时，他们的资金链相对脆弱，缺乏稳定收入，抵御风险能力较弱，风险损失概率更大。

风险的来临，还有个体差异。即使处在同样的环境和周期下，各家银行信用卡中心的不良率，也不一样。差异的背后，拼的是资产质量；而资产质量的背后，则是信用卡客群的质量。我们肉眼可见的客群结构，是各家卡中心在不同经营理念下的经营结果，自然天成，短期内难以改变，抗风险能力明显不一样。显然，将信用卡核发给 10 个有稳定收入的客户和发给 10 个缺乏稳定收入的客户，抵御风险的能力是截然不同的。

雪崩之下，没有一片雪花是无辜的。

疫情之下，美国信用卡损失也有明显升高。根据麦肯锡当年两种情景测算，2020年第四季度美国信用卡损失均显著上升，明显高于前三季度（见图5-7）。

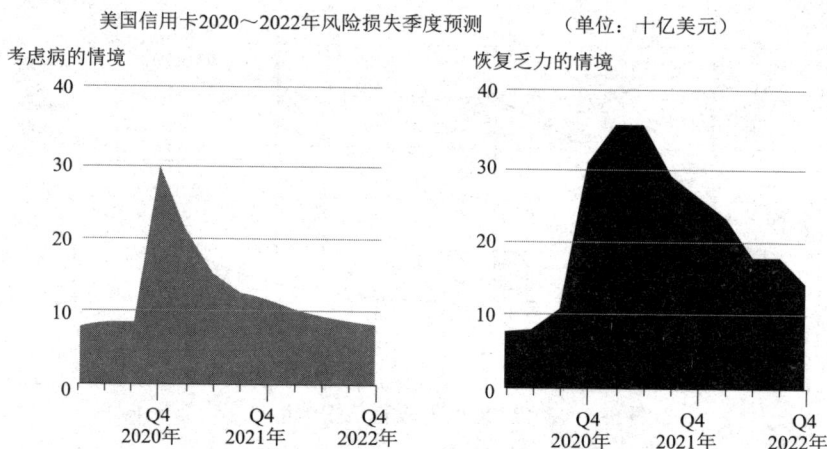

美国信用卡2020～2022年风险损失季度预测　　（单位：十亿美元）

考虑病的情境

恢复乏力的情境

图 5-7　美国信用卡 2020 年两种情境下的损失

数据来源：Mckinsey analysis（麦肯锡分析）。

然而，如果我们将信用卡行业的风险暴露，仅仅归咎于 2020 这一年疫情的话，则很容易陷入简单归因的逻辑错误。

如果仔细看一下信用卡不良率的走势（见图5-8），你会发现，即使没有2020 年的疫情，整个行业的不良率在过去两年也呈上升趋势。2018 年开始，部分银行信用卡不良率抬头；而到了 2019 年，几乎全行业的不良率均不同程度地增加。

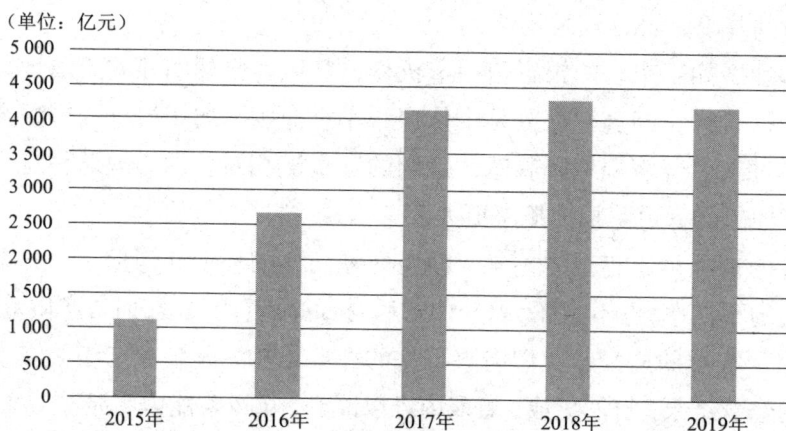

（单位：亿元）

图 5-8　浦发信用卡透支余额

　　疫情是一次小考，因为它让信用卡行业风险加速暴露。而它最重要的价值，是让行业从业者能够借此机会，停下来认真梳理复盘，去发现真正的问题和思考行业所处的周期。

　　我们需要问自己，中国信用卡不良率，为什么会在2018年、2019年抬头？是随机还是巧合？

　　如果我们认真看一下中国信用卡行业的规模（发卡量、贷款余额等）走势，像极了风险爆发前的韩国信用卡的发展趋势。而行业不良率的抬头，也有着相同的规律。虽然没有雪崩式的暴露，但足以引起我们的警觉。

　　2017年、2018年、2019年这三年之于信用卡的意义，无论如何强调，都不为过。三年高速增长，促使存量拐点到来；而三年的快速发展，也累积了行业风险。这一切的发生，不是巧合，而是必然。

　　中国信用卡行业的活卡量，从2014年的2.7亿张，经过两年到2016年的4.5亿张，两年增长66.7%。

　　然而，这并非最高点，如图5-9所示。

　　2017年，单年活卡发卡量1.3亿，历史最高，年底活卡量达5.8亿。

　　2018年，行业活卡再增加1.3亿，达到7.1亿新高。2019年，增长放缓，当年活卡量增加4000万，行业活卡量为7.5亿，再创新高。

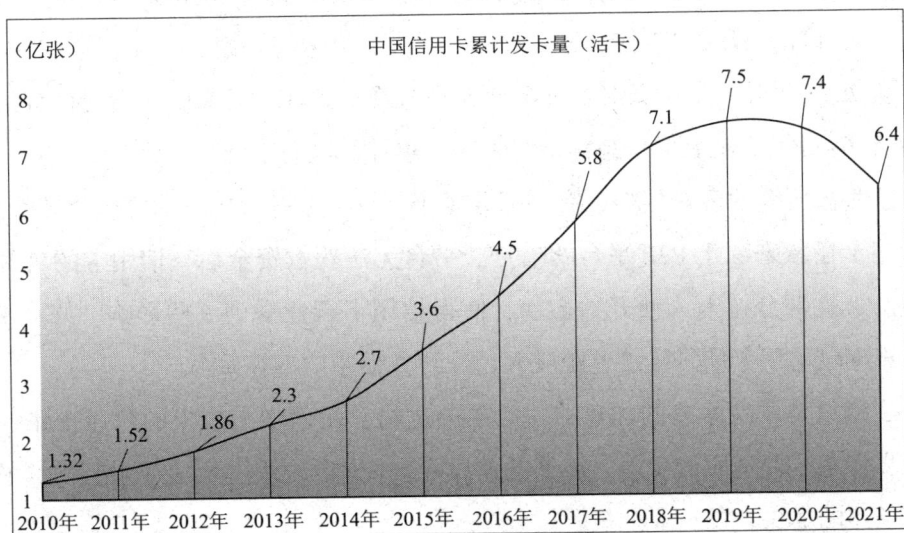

图5-9　中国信用卡累计活卡量走势

数据来源：《中国银行卡产业发展蓝皮书（2014—2022年）》。

我们再回头看看，当年的韩国更为迅猛，1999~2002 年，存量信用卡的复合增长率高达 39%（见图 5-2），可以对标中国 2016~2018 年的高速发展。

好处和坏处总是同时出现，信用卡规模的过快增长，以风控让步为前提。行业开闸防水，一些银行放低风险门槛，必然进来一些资质不好的客户。他们原本没有资格获得银行授信，却借助这波行业增长，成功获得了银行的信用额度，成为 7 亿多持卡人中的一员。这部分客群，抵御风险能力低，是实实在在的隐患。

行业高速增长带来的低质隐患，遭遇 2018 年以来经济下行，同时叠加 P2P 爆雷引发共债风险，使得行业风险在 2018 年开始抬头，2019 年持续恶化，2020 年变得严峻。这才是不良率变化的真相和必然。

近几年，无论是城镇居民还是农村居民，人均可支配收入逐年下降。可以明显看到，城镇居民收入从 2017 年开始下降明显。信用卡持卡人绝大部分为城市居民，他们收入的下降，必然意味着还款能力减弱，传导至信用卡机构，则体现为逾期率的上升，风险变坏。

2018 年，P2P 平台收缩投放，引发了部分信用卡行业的共债风险。

移动互联网催生的互联网金融平台，使得信贷供给过剩。一些信用卡持卡人除通过信用卡获得资金外，还能方便地通过互联网平台获得资金，这无疑加剧了个人杠杆，放大了零售金融风险。

从 2018 年开始，国家对互金平台加强监管，尤其是对 P2P 平台的清理。自2018 年 6~11 月，P2P 网贷余额持续收缩，累计共收缩 2 580 亿元。

这些被压缩的客户当中，有一部分属于"拆东墙补西墙"的资金周转客户，其信用卡还款来源于 P2P 平台的借贷。平台无法获取资金后，信用卡的欠款也还不上，这部分持卡人便开始逾期，使得信用卡行业受到一些影响。好在 P2P 平台规模较信用卡信贷体量差距较大，这种共债影响不算致命。

疫情只是风险暴露的加速器。底层的逻辑，是信用卡规模的超速扩张，风险让步带来客群资质的变差，遭遇共债风险，使中国信用卡行业面临巨大危机。

道路的尽头，是行业危机。

所幸，行业尚未走向极端。但值得大家警醒。

● 客群结构：信用卡风险管理的底色

信用卡的经营，如果非要找一个最底层的驱动因素，一个可以综合决定信用卡活跃、盈利、风控的因素，那一定是"客群结构"。

每家信用卡机构对客户的选择，决定了客户是否活跃，决定了消费金额的大小，也决定了生息占比及盈利能力，最后决定了抵御风险的能力。

几乎所有银行，都有自己的客户画像，将客户按资质分为几大类。大家都争相抢夺的，是年轻优质的客群。

为什么？

因为年轻客户具有超前消费的特性，活跃、交易表现较好；而"优质"这个特点，则意味着低风险。有数据表明，年轻优质客群，在收益面并不会比其他客群具有显著的优势，其最大的竞争力在于，更低的风险损失，即更强的盈利能力。

如果你有兴趣，可以对各家信用卡客户进行 Vintage 分析（一种常见的成分分析方法）。将所有的客户，按年龄、按学历、按资产水平等进行不良率的分析，看同一维度、同样环境、同样日期下，不同资质客户的不良率的不同表现。这样的分析，可以让我们对优质客群抵御风险的能力，形成更好的认知。

实际上，从不良率水平看，我们基本上也可以判断出各家信用卡机构的客群质量，两者呈高度负相关关系。相同的宏观环境，不良率折射的，是不同的客群质量，以及差异化的风控策略。

正如在"自由定价"这一节所讲，有些银行由于资金成本优势，主动调低贷款定价，以吸引优质客群，从而形成了一条盈利能力更强的增强回路。而一些其他银行，资金成本成为发展瓶颈，不得不被动地选择高风险、高收益的经营策略。还有一些银行，则是风险适中的经营策略。

当"风暴"来临，优质客群才是信用卡机构真正的压舱石。他们不仅能有效帮助银行躲避信用风险的冲击，更能够在"大病初愈"后，帮助银行快速回血，避免大起大落。

而"高风险高收益"的机构，则只能硬着头皮应对危机。如果风浪太大，则可能如韩国信用卡危机一样，几年高收益经营成果，一年毁于一旦。

选择本没有对错，但选择一定会产生结果。

浦发银行信用卡和招商银行信用卡截然不同的经营策略，向全行业完美演绎了两种选择下的不同经营结果。两个经营样本，你选择谁，取决于你的偏好。

由图 5-10 可知，从不良率看，从 2016 开始，浦发银行信用卡走出了一条风险波动之路；而招商银行信用卡，则一直稳健经营。

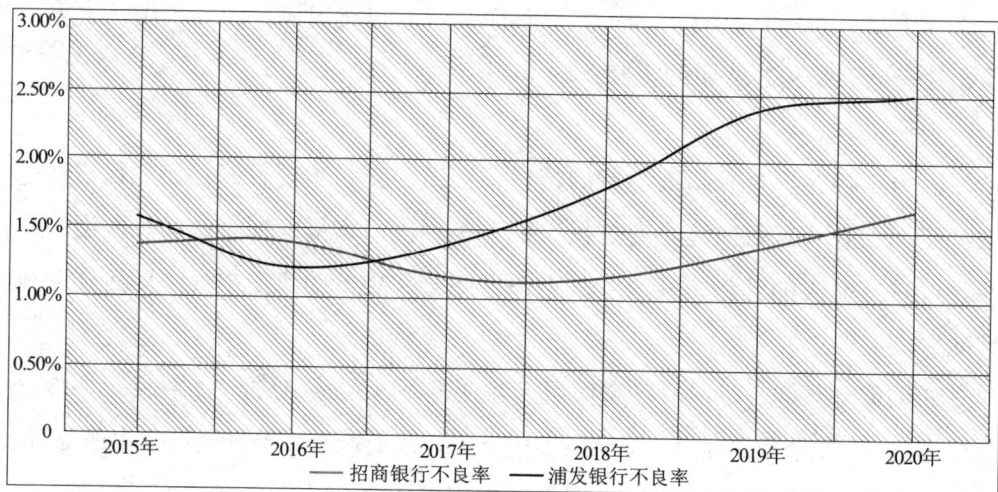

图 5-10　招商银行信用卡不良率与浦发银行信用卡不良率走势

浦发银行信用卡的"高风险高收益"之路

提到浦发银行信用卡，人们第一印象便是其产品创新力，用"行业首屈一指"来形容，一点儿也不过分。

有别于传统商业银行信用卡中心，浦发银行跳出传统思维，从市场、用户出发，逆势推出多款网红产品，搅动了整个信用卡市场。"梦卡"系列改变了传统发卡模式，引领行业潮流，典型如"南海卡""中国梦"卡。2018 年推出的"浦发故宫文化主题信用卡""美丽女人信用卡"等，赢得了市场的高度关注与追捧。

与其产品力同样受关注的，则是浦发信用卡的"高风险高收益"经营策略。如果你还有印象，在 2016~2017 年，"浦发万用金"的推广如火如荼。

除目标客群来源广泛外，授予每个客户的额度也很大。给持卡人的感觉是，随便一个客户，就能申请到十几万元的万用金，最高 30 万元。

彼时，信用卡行业尚未饱和，宏观经济尚未明显下行，这样的策略无疑是奏效的。

从2016年起，浦发信用卡开始顺势腾飞，客户规模大幅提升。流通户从2016年约1 500万，经过两年增长到2018年近3 000万，接近翻倍，如图5-11所示。

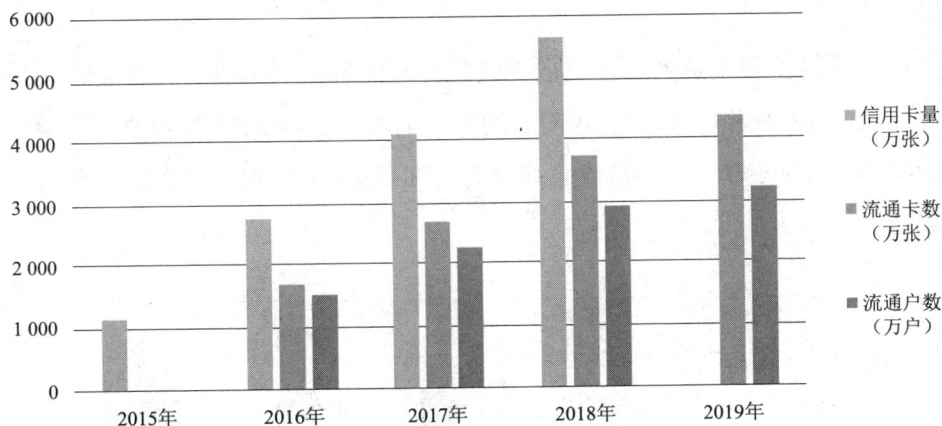

图5-11 浦发信用卡流通卡量、流通户数

交易金额也从7 000亿元增长到2018年的18 000亿元，短短两年，翻了2.5倍，如图5-12所示。

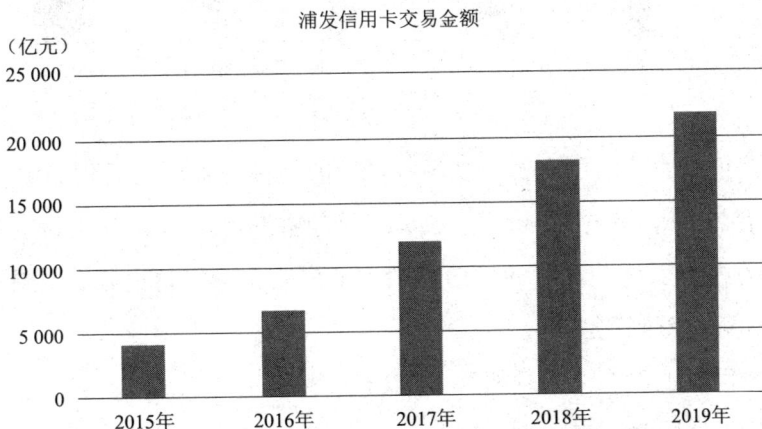

图5-12 浦发信用卡交易金额

而最值得关注的，则是其贷款余额的增长。2016年，当年透支余额较2015年直接翻了近2.4倍；但与此同时，交易金额的增幅仅有75%，远远输给了透支余

额的增速。

这说明什么？说明浦发信用卡在竭尽全力地说服所有消费客户，不要急于全额还款，将消费金额尽可能沉淀为贷款，转化为以后多月的分期金额。

显然，浦发信用卡取得了阶段性成功。从 1 100 亿元贷款余额到 4 200 亿元，它们只花费了两年。它们抓住了 2016 年、2017 年两年窗口期，缔造了一个行业"小神话"。

而贷款规模及生息资产占比的飞速提升，体现在利润表上为营业收入的增加。从图 5-13 不难看出，"高风险"的生息策略，使得 2016 年营业收入增长超100%。2017 年更为生猛，营收直线拉升，在 2016 年基础上再次增长翻倍，连续创造业绩神话。

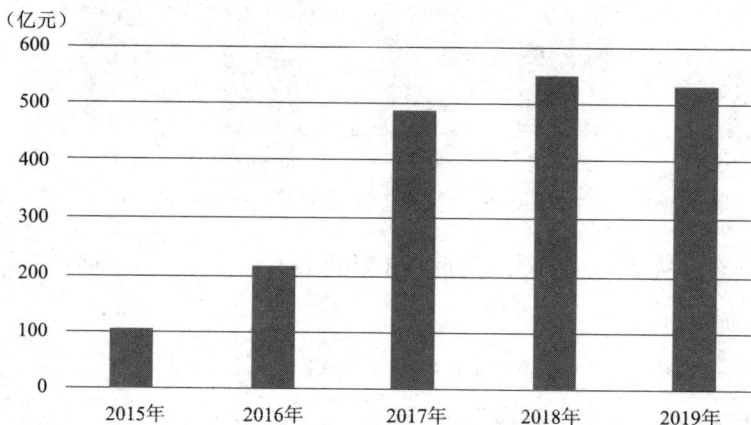

（亿元）

图 5-13 浦发信用卡业务收入

短短三年，浦发信用卡营收从 100 亿元的规模，直接增长到 2018 年 550 亿元，年复合增长率超过 75%，这足以让所有浦发信用卡人都引以为傲。也难怪，彼时的大小媒体，都对浦发信用卡大加褒奖，纷纷讨论隐藏在耀眼业绩背后的"达·芬奇密码"。

然而，世界上没有"永动机"，也没有一直高速增长的实体。好事和坏事同时存在，但不会同时到来。

细心的你，一定会发现，浦发信用卡交易金额逐年增长，一直到 2020 年。但其透支余额和营业收入的增长，却停在了 2018 年。在 2019 年和 2020 年，连续两年出现双降。

毫无疑问，浦发信用卡撞上了增长的边界墙。

这个边界墙，是信贷规模快速扩张下的风险暴露，也是宏观经济下行和共债风险传导所致。

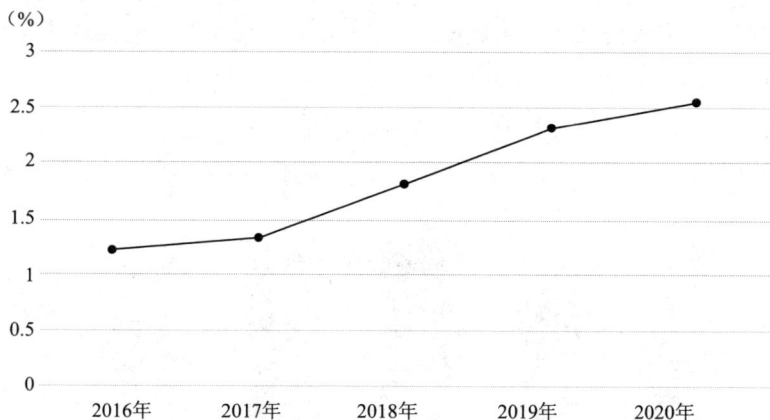

图 5-14　浦发信用卡不良率

从图 5-14 可以看出，由于风险下沉，2018 年，浦发信用卡不良率开始抬头，从 1.35% 增加至 1.80%，上涨了 0.45%。这种趋势，并没有在 2019 年得到遏制，反而继续扩大到 2.35%，成为行业不良率之最。2020 年，更是高达 2.5%。这便是浦发信用卡不良率，自 2018 年走出的，有别于行业发展的态势——风险抬头，业务低头。

再高的收益，也敌不过行业较低的净资产收益率，更敌不过风险损失对资本金的蚕食。面对风险抬头，浦发信用卡必须压缩透支余额，尽快挤出不良资产，管控风险。

浦发信用卡快速发展的前三年，风光无限，业绩喜人。而应对风险的后三年，不得不承受贷款规模连年下降，营业收入逐年减少的阵痛。同时，还得承受流通户规模无法增长的现实。2020 年，浦发信用卡透支余额较 2018 年压降了约 600 亿元，营业收入减少了 100 亿元。而流通户规模，连续两年躺平，无明显增长。

虽然看不到它的税前利润，但在营收下降风险上升的大背景下，"腹背受敌"的浦发信用卡，这个数字大概率不好看。

令人欣喜的是，我们看到浦发信用卡的风险在 2021 年得到了明显改善。不良率下降到了 1.96%，较 2020 年末下降了 0.56%。

"高风险高收益"之路，有多少激动人心，就有多少黯然神伤。

招商银行信用卡的稳健经营之道

反观招商银行信用卡，"平稳、低波动"是其贯穿始终的经营模式。

2021 年的中期业绩显示，招商银行信用卡是首家流通卡突破 1 亿张的发卡银行，较 2020 年末增长 2.28%。流通户 6 771 万户，增长 1.51%，如图 5-15 所示。

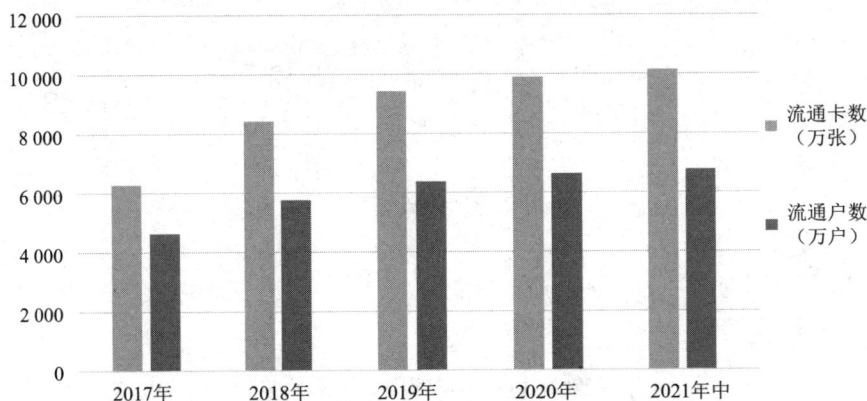

图 5-15　招商银行信用卡流通卡量、流通户数

虽然流通卡破亿，但我们可以很明显看到，无论是在行业高速增长的 2017 年、2018 年，还是在风险暴露的 2019 年、2020 年，招商银行的客户规模（流通户）增长都很平稳，没有出现大起大落的走势。即使 2020 年，招商银行仍有 3.42% 的增长。

当然，行业存量竞争和经济周期也会对其产生影响。

招商银行信用卡不良率，虽然在行业中处于较低水平，但从 2019 年起，连续两年都有增长，2020 年为 1.66%，如图 5-16 所示。

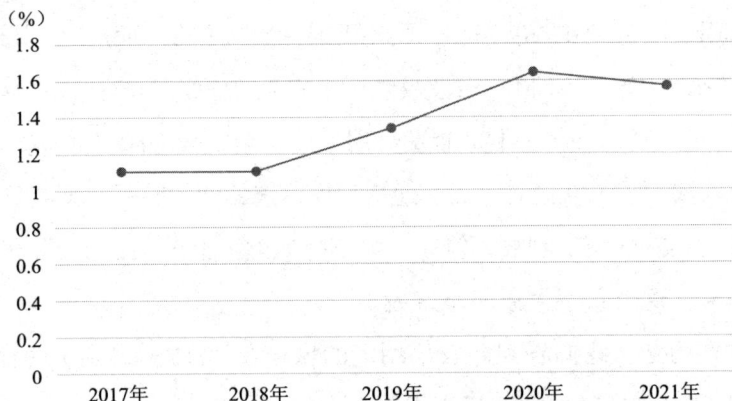

图 5-16　招商银行信用卡不良率

但由于更具弹性、更抗风险的资产结构，在不良率上升的情况下，其贷款余额仍然可以稳健增长。

2021年上半年，招商银行信用卡明显加大了中低风险客户资产经营的力度，利用其有竞争力的资产定价能力，强化汽车分期、专项分期业务，同时推出专享消费分期卡，形成高、中、低各利率区间更为合理的资产组合结构。

在全行业贷款余额增长乏力的近两年，招商银行信用卡仍然持续稳定增长（见图5-17），且贷款增量主要集中在中低风险资产，实属不易。

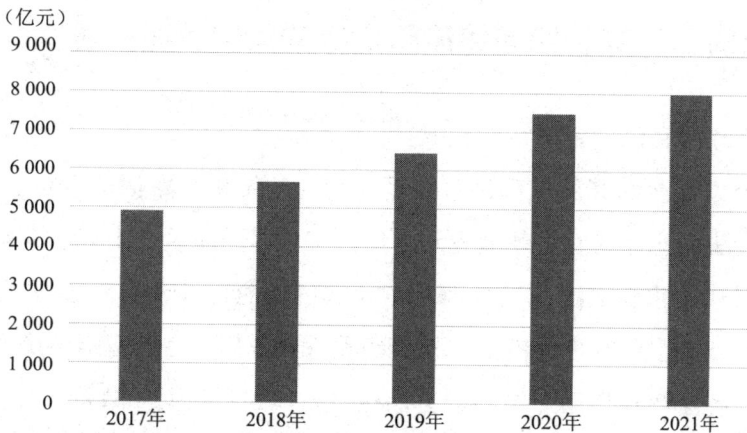

图 5-17 招商银行信用卡贷款余额

稳健经营的结果，自然就是营业收入的不断增长。2019年，其营业收入近800亿元，同比增长20%。而2020年，这个数字达到825亿元，增长了3.15%，如图5-18所示。

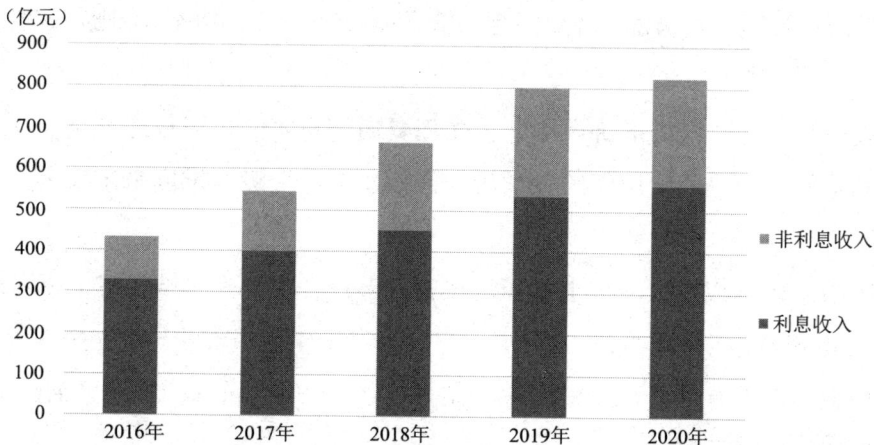

图 5-18 招商银行信用卡业务收入

招商银行信用卡没有大起大落，凭借"质量、效益、规模"动态均衡发展策略，抵御风险，穿越周期，实现商业愿景。

流水不争先，争的是滔滔不绝。在行业迅猛增长的几年，能够心无杂念，坚守自身的经营策略；而在行业遭遇周期冲击时，可以不畏前路，奋勇向前。这或许就是"长期主义"。

平衡经营不会让人一夜暴富，但可以防止我们瞬间崩塌。

● 销售即风控：如何将风险指标前置到销售一线

风险管理的底色是客群结构。

所有今天沉淀的客群，都是过往销售行为的结果。在信用卡行业非常流行的账龄分析法，能让我们清楚地看到，每一年获客的质量及当年的表现。

存量时代，除少数刚刚发力信用卡业务的城商行外，新获客对于存量盘子的影响越来越小，对客户规模、交易金额和应收账款的增长贡献不是决定性的。

未来，各家银行信用卡中心会更加注重新户的资质而非数量。毕竟，"跑马圈地"的时代已经过去。而且获客成本高企，也要求我们拉一个新户就得活一个客户，降低沉没成本和回本周期。

因此，行业对于销售团队的责任和技能的要求，比以前更高。销售即活跃，销售即风控，是存量时代信用卡销售团队应该有的意识和担当。

顶层设计到一线销售，必须要有一竿子捅到底的统一策略，否则很容易"纸上谈兵"。

我们需要优质客群抵御风险，首先需要向销售团队，清楚地界定优质客群画像和范围。行业通常用年龄、学历、征信、资产层级等维度来定义客户的优劣程度。

比如，35岁以下大专以上学历可核查的客户，定义为"年轻高学历客户"；35岁以上资产达到一定标准的客户，定义为"中年优质客户"；在中国人民银行征信数据库没有信贷记录的客户，定义为"白户"。同时，给予更细的指引，让前端销售具体可执行。

仅仅做到这些还远远不够，还需要解决销售队伍的责权利等边三角形关系。

销售团队是一线"打仗"的队伍，很多管理者都会一厢情愿地把自己想要的等同于队伍想要的，队伍达成了目标就以为是自己策略得当，而没达成目标则埋怨队伍没有执行力。

事实上，我们既不要高估销售队伍对顶层设计的理解力和认同感，也不要低估他们在责权利对等情况下的执行力。一项政策的推出，销售队伍最敏感，他们会迅速计算收益和对价，找到最适合的打法。

因此，理性的管理者，应当通过制度设计和责权利心法，让队伍行使组织的意志；而非将自己的意志，强加给团队。

基本法是销售队伍的灵魂，如果我们想要引导队伍多获取优质客群，那么我们给予优质客群的对价一定是有所区隔的。

在很多信用卡中心，将不同客群的差异化计价，写进销售基本法。比如，1个年轻优质客群按1.5计价，1个中年优质客群按1.2计价，而1个白户只能按0.5计价。

显然，对于销售业务员来讲，每月获取80名年轻优质新户按120户计算，这中间可以节约40个客户所耗费的人财物等资源。而那些以陌拜白户为主的业务员，则会非常艰难，想要每个月80名新户的业绩，他需要付出相当于前者双倍的努力（160名白户新户），而收益则约为前者的2/3。

在"做优得优"的制度保障前提下，我们再对队伍提其他要求，比如"优质客群占比不低于50%"，就会显得更有抓手和底气。

同时，我们还应该设置一个观测新户风险暴露的指标来真实判断新进客户的风险水平。一般而言，我们认为新户半年后，表现将趋于稳定。所以，有的单位会通过"新户逾期率"这个指标来检测新户表现。（这个指标，是指新户在发卡当月起的第六个月逾期金额占应收账款的比率）

管理团队，每月都需要看这个数据。对于指标异常的月份，应该分渠道个案分析原因，找到销售责任人。甚至，新户逾期率也应当写入销售基本法，作为队伍绩效的扣减项。

作为销售队伍的管理者，只有通过数据将风险指标落到每一个销售人员的头上，才有可能做到将风险前置到销售一线。一个无法将指标和责任追溯到具体人头的零售金融管理团队，没有机会谈精细化管理和风险管理。

通过基本法保障销售队伍"做优得优"的利益，通过数据能力追溯到每一个销售人员，一个单位才能既让一线动作不偏不倚，又确保公司的策略得以落地，这才是穿透管理的正确方法。

第六章

信用卡下半场：如何面对不确定性的未来

信用卡行业，已然是一个成熟的存量竞争市场。面向未来，我们如何从业务增长乏力、不良反弹明显，以及年轻人市场力不从心的现状中逆势起飞，穿越周期，是横在从业者面前巨大的挑战。

但任何时候，当我们重拾商业本质，仍然有能力再次找到出发的起点。

于信用卡行业而言，我们所有创新颠覆的起点和终点，都应该是行业的利润表。即如何提升收入和降低成本。在三项收入的基础上，我们是否有能力通过数据资产转化，增加一项或几项中间业务收入？在运营成本已有长足进步的前提下，我们还能否通过数字化转型进一步压降运营成本？

本章我们尝试探讨一些开放性话题，抛砖引玉，目的在于引发从业者更多的思考。

● 数字化转型：体验、效率与成本

"所有的企业，都应该用互联网的方法重做一遍"，这是前些年移动互联网兴起时，我们耳熟能详的一句话。然而，移动互联网的浪潮还没有退去，数字化时代又来了。

"所有企业，都应该用数字化重做一遍"，这是数字化时代所有企业新的挑战，也是企业提升效率的必由之路。

得到 App 创始人罗振宇说："一家企业，如何把几十年甚至上百年积淀下来的业务系统搬到数字世界里？这不是一道选择题，而是一道必答题，答错了、答慢了，都等于是在后退"。

我们需要理清一个概念，"数字化"不是"信息化"。

信息化的核心是互联网，强调把信息连接起来；而数字化则要深入得多，数字化的核心是人工智能，它强调的是用数字来驱动整个世界的变革。

比如，信用卡的申请与审批，以前需要客户手工填写纸质申请表，工作人员将申请表打包快递至审批中心，由专门人员将信息扫描录入审批系统，才能完成审批，周期一般需要 1~2 周时间。既没有信息化，又没有数字化。

而现在，信用卡申请已实现无纸化，客户不需要填写纸质申请表，线上填写的字段也比以前减少了。更关键的是，客户录入的信息，实时进入银行风控审批系统，决策引擎根据设定的风控审批模型，如平衡计分卡做出实时判断和交互。当客户填写姓名和身份证号码等关键信息后，系统还会实时抓取外部相关联的信息来判断申请人的资质。资信好的客户，需要填写的字段会减少；反之，则需要提供更多的证明信息。

整个过程，只需要几秒。大部分客户的审批结果，已实现秒级交互，行业称"秒批"。客户现场可以激活信用卡，绑定快捷支付，即批即用。实体卡则可以在1~2天内寄送给客户指定的地址。

这就是信用卡行业数字化的典型案例，它带来的客户体验提升、信息流、物流效率及成本的节约，都是颠覆性的。

体验提升：是信用卡数字化转型的首要目标，也是第一个步骤

一提到数字化转型，所有信用中心的管理层都会想，这能为企业带来什么？

华为公司董事、首席信息官、首席知识官曾对企业数字化转型发表过一个观点，值得金融行业借鉴。他说："数字化转型是一个运用数字技术和新能源对企业业务持续优化的过程，是一次系统工程。在这个过程中，数字化转型的企业能够收获的是体验提升、效率提升以及模式创新"。

你看，体验提升放在了效率提升面前。为什么呢？

因为对于信用卡行业而言，服务的客户规模都是百万级、千万级、亿级，客户体验成为客户活跃、客户交易、客户盈利最重要的一个前置变量。更为重要的是，银行是客户体验需要攻克的一个重要堡垒。

当下商业演进，从农业经济、工业经济，转向了服务经济、体验经济。信用卡存量时代，一人多卡，消费者主权真正来临。这时，"体验"真正的含义，在于"人""用户"。而信用卡行业，过往十几年，并没有真正做到"以人为本、用户导向"，以至于当下银行长期持有的"本位主义"仍然存在于客户服务的方方面面。我们设计产品权益，不是基于客户需要什么，而是取决于银行能给到什么资源。我们上线市场活动，也不管客户买不买账，而更在乎的是口号响不响，曝光量大不大。

大部分银行产品经理或市场经理，把自己的喜好当客户的爱好，将个人意志强加于客户。所谓的用户导向，基本是个人主观意愿。

他们很容易因为沉没成本心理，而爱上他们的工作成果，尽管这很可能是一个不及格的产品或活动。他们不自觉地爱上自己的产品，做了自己产品的"慈母"，而忘了爱上客户的需求，去修改、打磨产品，甚至推翻产品。

而数字化转型，则提供了一种可能，让信用卡用户拥有真正的主动权，更简单、更快捷、更安全、更愉快地使用信用卡。

举个例子。大部分信用卡中心发布的新产品，卡面、权益均是固定，不可改变的。这还是一种本位主义，而非用户导向。银行按照自己的想法，把一个成品摆在用户面前，用户只有被动接受或不接受。

有没有一种做法，是将选择权真正交给用户？

数字化转型给信用卡行业提供的解决方案，是卡权分离。即权益与卡产品脱钩，银行提供有吸引力的权益（权益超市），供客户自主选择，新老客户都可选。从而颠覆行业固有的做法，将选择权交给客户，实现选择自由。

比如，平安银行白金信用卡有两项业界有竞争力的权益，航空延误险和机场接送机权益，客户只有办理这两类卡产品才能享受权益，非该产品持卡客户则没有机会购买。而真正的用户导向，则是积极响应客户的需求。银行应当借助数字化，努力让任何客户都有选择这两项权益的自由。

需要突破的，是根据不同客户实时差异化定价的数字化能力。新户购买，价格会低；旧户购买，价格会相对高一些。而权益是否有真正的生命力，则取决于其优于市场的性价比，应该交给市场验证。

卡权分离是客户的真实需求，同时也是银行创造中间业务收入的机会点。

真正的用户导向，就是"如果客户想上天，你的第一反应是查询最近的发射基地"，而不是为自己找各种无法满足客户需求的理由。

根据华为首席信息官和首席知识官陶景文老师这些年的探索经验，数字化提升客户体验需要做到以下五个层级。

第一个层级：全量、全要素的连接

全量，是所有业务对象的数据都应该要上线；全要素，是单个业务对象的全部属性要齐全。

对于信用卡行业，数字化要让全量全要素连接起来，产生化学反应。从申请人的申请行为开始，到审批、激活、交易、还款、注销等信用卡生命周期的每一个节点，数据要做到全覆盖。而每一个节点数据的全部属性，如交易环节的交易时间、交易金额、交易类型、交易地点等要齐全。

　　这是利用数字化手段提升体验的基石，是接下来要做的所有事情的必备条件。试想，当我们知道了某个时段客户集中交易的行为数据，就有机会主动提供一些交易服务。只有我们掌握了客户选择和使用信用卡权益的数据，才有机会优胜劣汰，为客户提供体验更好的服务。

　　这就好比深圳市的智慧交通解决方案，除了道路数据、电子监控数据，还必须采集到每个路口、每一盏红绿灯的数据，并将它们和其他数据打通连接在一起。高峰期拥堵发生时，交管部门能随时根据车流状况远程操控某一个路口的交通灯。以前都是车看灯，十字路口处，就算南北方向堵了100辆车，东西方向只有一辆车，也必须等够时间，变灯后才能同行。现在不一样了，实现了灯看车，交通灯可以实现按车的数量放行，哪个方向车多，绿灯时间就长一些，大大缩短通行等待时间。

　　你看，所有这一切体验提升的基础，就是全量全要素数据的上线和连接。你采集的数据，不仅是原有业务的数据化，从线下搬到线上，还要跨越组织边界，去采集衍生范围里更多、更全的开放数据，并将它们全部打通、连接，纳入同一个数字化系统中。

第二个层级：实时

　　有了全量、全要素的连接基础，就到了第二个层级，实时。

　　实时，就是让数据开始"说话"，能看到，能感知到。

　　只有海量的数据连接在一起还远远不够，还得让它们"说话"，让它们能够随时被调取，甚至不用调取就主动呈现，成为能够被看到、感知到的数据。

　　在纸质申请时代，客户是没有办法了解实时的审批、制卡、寄卡状态，只能通过客服电话询问，体验肯定不好。而现在，整个信用卡行业通过数字化改造，实现了信用卡办理状态的实时感知和可视。无论申请量有多大，都能做到每位客户的申请审核状态、制卡、寄卡等物流状态的实时展示，这种体验，显然是颠覆性的。

　　对内部员工及管理者，"实时"体验同样非常重要。以前我们看销售业绩，靠各个团队、各个小组报数，而且还只能报进件数据，因为纸质申请件还在路上，没有进入审批系统。更细、更全的数据，比如，整个团队售卖卡产品的数量和占比、权益使用数量等,则无法实时获取。

而现在,有些信用卡中心很好地实现了数字化。销售新户、过件率、全国排名、渠道业绩分布、团队业绩分布、卡产品分布、权益、激活率、首刷率、快捷支付绑定率等数据,不仅可以非常全面地展示,而且可实时获取。这对于销售团队的管理,犹如久旱逢甘霖。与过去灯下黑似的管理相比,全量、全要素及实时的数字化体验,完全是维度的升级。

对于信用卡行业而言,全量、全要素的连接和实时这两个层级,如果能够踏实做好,就已经是非常了不起的成绩。而目前行业较大的问题,应当是所有业务环节和每一环节的全部属性,没有全部数字化;而最大挑战和机会点,是全量、全要素数字化之后,提升客户体验、提高商业效率及降低成本。

第三个层级:随需

当数据能够实时地被记录、反馈,再实时地反映到面向客户的服务中,我们就已经来到了体验提升的第三个层级。

随需,即跟随客户的需求,意味着动态调整,动态地将客户的需求和银行能调动的生产要素进行匹配。比如,我们已经做到的境外实时调临时额度。当客户境外消费的数据被获取,我们就知道客户已经出境、出国,系统就会自动触发调高信用卡临时额度的规则,给客户准备好消费的信用卡额度。而在以前,客户则需要主动致电客服申请调高额度,境外拨打国内客服电话,难度和麻烦程度很高,客户体验很差。

随需,如果可以做得更好,则应当是在客户出发前,通过系统记录购买机票、预订酒店的数据,动态地主动为客户提高临时额度,使客户可以更放心地出行。这样的体验,无疑更进一步。如果这是一位贵宾客户,刚好入住的酒店又是银行可以调动的合作商家,则可以在客户入住时,免费为客户升级房间,这就是惊喜服务。

工业化时代带给我们前所未有的规模化制造,降低了成本,但同时也忽略了用户的个性化需求。而银行信用卡的服务,仍然还处于工业化的规模服务阶段,尚不具备为客户提供个性化服务的能力。

数字化时代，规模化的个性定制服务，正在成为现实。但需要信用卡从业者，有想要极大提升客户体验的内驱力。因为背后对数据信息的处理，对资源的重新编排和配置，对银行合作商家服务流程的改造，都是极大的基础工程。

第四个层级：自助

随需之后，分别是"自助"和"社交化"，这是对"随需"的加强和升级。

自助餐，之所以能带来好的体验，一是因为选择很多，满足了随需的需求；另一个原因则是自助可以带给你更大的掌控感。

还是以客户出行为例，当我们识别出客户有商旅出行计划时，紧接着就应当响应客户的接送机服务需求。利用数字化手段搭建平台，提供工具，自助地满足客户的需求。

这一点，携程等平台为银行打了一个样板。当客户订完机票，支付完成，页面会提供酒店和机场接送机服务，让客户可以自助选择。

实际上，银行也完全有能力让这样的服务自助化。客户订完机票通常有交易提醒，我们至少可以在交易提醒后缀，或者微信单独提醒客户，可通过 App 或微信公众号自助完成接送机预约。

这个案例，实际上是将数字化第一层级（全量、全要素）、第二层级（实时）、第三层级（随需）、第四层级（自助）的能力，统一整合到一个场景的业务流程，满足客户随时、随需、自助的需求，极大地提升了客户体验。

如果这样的整合能力，能覆盖信用卡生命周期的每一个节点和流程，客户体验就极大地提升了，一家信用卡中心的数字化竞争力也得以构建，形成存量时代的护城河。

第五个层级：社交化

社交化，就是把主导权交给用户。

这里的社交，不是指用户之间的互动，而是更广义的社交，是对随需、自助的再升级。

还是以客户出行为例，在客户使用自助服务时，如果遇到任何问题，在同一界面可以很容易和银行的客服人员沟通，获得帮助和支持。客户在使用信用卡服务过程中，应当是一个主动和互动的过程，而非哑巴似的自助，遇到问题无法与银行互动。

如果你的服务够惊喜，让客户忍不住炫耀，这时，你可以在服务完成时，为客户炫耀提供一种方便，让客户因为使用你家信用卡获得一种更优越的体验。

这就是数字化转型在提升信用卡客户体验层面的五个层级，是银行构建差异化竞争，颠覆行业的机会，同时也是各家信用卡中心在存量时代的必答题。

工业时代有一个"不可能三角"，一家企业很难同时提供物美、价廉、高效的服务。但今天，这个"不可能三角"在数字化时代成为可能，好产品、低价格和优质的服务，可以兼得，也是时代赋予每个行业新的使命。

今天的世界，得益于工业时代带给我们的规模化的生产能力。而数字化时代，就是以工业化的规模，为每一个客户量体裁衣。

效率提升与成本优势：信用卡数字化转型的必然结果

数字化，让信用卡申请从半个月缩短至两秒，客户体验提升的同时，银行的获客效率也获得了极大提升。

数字化，彻底消灭了纸质单张，实现了无纸化，客户体验提升了，银行运营成本也大幅降低。

数字化，让人工智能成为现实，部分银行 AI 客服占比超过 85%，智能语音业务覆盖率 90%，信用卡客服费用节省超过 30%。

效率提升和成本节约，是数字化转型，带给信用卡行业显而易见的优势。这种优势，绝不是相对优势，而是绝对优势。如果效率提升带给一家信用卡的是相对优势，则只能说明，它的效率提升水平还不够，还没有达到绝对优势的水平。

数字化时代，所有行业都应当重新定义效率。

有人举过一个零售效率的例子，美国零售之王 Costco 周转率非常高，是 11.8，接近 12，是普通超市的三倍。

什么意思？Costco 用一笔钱进货之后，一个月内就能把货物卖出去。这意味着，同一笔钱，Costco 一年可以周转 12 次。而普通超市，同一批货，三个月才能卖出去；这笔钱，一年只能周转四次。

很多人都知道，Costco 的利润率最高不超过 14%，为方便计算，假设它的利润率是 10%。那么一元钱的进货款，在普通超市，一年周转四次，只能赚四角钱；而 Costco 一个月就能赚一角，一年周转 12 次，能赚一元二角，赚钱的效率更高。零售企业，周转速度越快，企业利润就越大。

工业时代：

$$企业利润 =（销售价格 - 成本）\times 销售数量。$$

而数字时代，我们这样计算效率：

$$企业利润 =（销售价格 - 成本）\times 销售数量 \times 周转次数。$$

一批货，一个月卖出去，和一年卖出去，效率有本质的区别。

信用卡行业，同样适用。我们以前电话营销，需要租场地，招聘电话营销人员，完成一定量的外呼营销。现在，AI 外呼，无须租用场地和营销人员，外呼效率成倍增长。原来 100 人一天外呼 1.5 万通电话，用 AI 则只需要几分钟就可以完成，产能呈几何级数增长，成本却大幅缩减。

通过数字化改造，零售金融效率被重新定义，客户体验极大提升，运营成本极大优化。

除了成本极大优化，还有一点更为重要，数字化转型能够支撑精准决策，让企业少走弯路，少犯错误。

相当多的企业，是先拍脑袋有一个决策，然后通过数据去验证。而真正的优质决策，应该反过来，借助数字化的五个层级作为企业决策的关键依据，带来决策能力提升，不只是效率提升，更是决策质量。

"数字化转型，只有起点，没有终点"，这是华为的陶景文对于数字化时代的总结，也是信用卡行业在存量时代锻造竞争力的必由之路。

● 数据资产：改善行业收入结构的机会

大数据是近些年最热门的词汇之一，也是信用卡行业努力突破的方向。

所有的金融产品当中，信用卡交易产生的数据最为丰富。每个客户的吃、穿、住、用、行等行为，都沉淀在信用卡交易里。没有一种金融产品，能让客户每月活跃几次甚至几十次。

对于客户规模上千万级的信用卡中心，系统每月交易刷卡次数有几千万甚至上亿次。这些数据都是用户行为的一部分，是信用卡中心最重要的资产。

存量时代，信用卡行业想要突围，一定是从庞大的数据资产中挖掘中间业务机会点，改善行业收入结构，打破"手续费打平资金成本，盈利单一靠生息"的行业现状。

一些行业的优秀做法，给了我们有益的参考。

美国运通，其收入除非常有竞争力的交易手续费之外，还有作为清算服务提供商的转接清算费，最具借鉴意义的则是其因提供全球高端服务而收取的服务费用，这也是其差异化核心竞争力所在。这种真正向持卡人提供服务的能力，已经形成了其独有的品牌力。

近年来，美国运通（"连通公司"）与境内各大信用卡中心合作发卡迅速扩张。其中，凭借其出色的服务能力和品牌力，发卡机构每发行一张运通卡，需要向运通支付卡品牌费。卡品牌费会根据不同产品线而变化，从百夫长黑金卡到百夫长白金卡、商务白金卡、等级1~4，收费逐渐递减。

中国本土招商银行信用卡，同样值得借鉴与学习。其凭借出色的服务能力和零售品牌力，以掌上生活为主阵地，向用户提供生活服务，如饭票、影票、飞机、酒店、火车、演出门票、交通罚款、商超便利等。平台在几年前率先打破封闭，向其他银行用户开放。

虽然不知道相关的收入数据，但显然这是一种有别于同业的竞争力。

其他银行可尝试的突围机会点，则在于如何用好自己丰富的数据资产，提供精准、个性化的优质服务。我们至少需要将所有存量客群打标定位，并想办法构建相匹配的服务资源和服务能力，比如追求极致和稀缺服务的高净值客群，追求高质量体验的富裕客群，提升生活方式体验的新中产，以及享受支付便利新趣的大众客群。

挖掘数据资产和构建服务能力，这两件事对于传统银行而言，显然不容易。但这是存量时代少有的机会点。精耕细作，做难而正确的事情，是这一代信用卡人的新使命。

关于构建服务能力，各家信用卡中心也有极大的差异化，定位必须清晰，避免同质和重复。比如，平安银行信用卡中心，其背靠强大的平安综合金融集团，天然具有向客户提供个性化金融产品的能力。其数据资产转化的方向之一，应该是向 6 000 多万的存量信用卡客户，精准地提供理财、健康医疗、人寿保险、车险、家族传承、车主服务等。

以上都是一些可能的构想。数据变成资产的前提，则是数据治理，这对于各大信用卡中心，是特别犯难的事情。

所有人都知道数据很重要，但是数据不准确、不及时、找不到、看不懂，各部门之间数据语言不通，形成"数据孤岛"等现状，却成为数字化转型和数据资产转化的重大障碍。

这时，大家才发现，需要先进行数据治理。所谓数据治理，就是用统一的数据管理规则，确保数据质量，让企业的数据清洁、完整、一致。

以下介绍华为在数据治理方面总结的两个经验和三个陷阱，以供金融行业参考。

经验 1：数据治理不是 IT 问题，而是业务问题

大多数企业会把它当成一个 IT 问题，所以就交给 IT 部门去做。但事实上，IT 部门技术再先进，也没有办法准确定义业务，必须是那些在"田间地头"游走的一线业务人员，了解数据环境，他们才是制定数据标准，管理数据的第一责任人。

华为数据治理经验，就是每一个数据，必须由对应的业务部门承担管理责任，而且必须有唯一的数据属主。属主最基本的职责，就是要确保关键数据被识别、分类、定义及标准化，确保数据定义在公司范围内是唯一的。

除此之外，数据属主还要保证自己管理的数据质量，要关注自己的数据服务，去满足公司其他部门对自己管辖领域数据的需求。如果数据问题出现争议，属主还负责进行裁决。

数据属主对华为的数据治理至关重要。这是其在数据治理上最为宝贵的一条经验，是数据治理体系能否发挥作用的基石。

你肯定会有疑问，如果数据属主是销售好手，但不懂数据，缺乏数据思维，在数据管理这件事上就会出现数据属主水平参差不齐的情况，这又该怎么办？

华为的做法是为每一个业务部门都配备一个数据管理部，这十几个数据管理部的责任，就是帮助每个部门的业务主管从专业的视角，按规范去定义数据。

这样还不够，华为还有一个公司级的管控组织，由各个领域的首席专家组成委员会，在每周的会议上专门对数据架构进行评审，单个业务部门定不了的事儿，可以通过委员会讨论确定下来。

这就成为一个数据治理的体系。

很多公司，把数据治理当成项目。大家都在说要打破"数据孤岛"，可同时又忘了，孤岛没有了，意味着数据被打通连接了，意味着数据是在各个业务系统中流动的，企业各个部门都要用。

当然就不能从某个时间、空间的节点来进行单点管理，必须要建立一个完整的体系。

经验 2：必须建立起一套企业级的数据综合治理体系

首先，华为公司有数据管理的总纲，由任正非签发，明确华为数据治理的最基本原则。其次，还有三大政策，包括信息架构管理政策、数据质量管理政策和数据源管理政策。

总纲和政策的具体内容，可在《华为数据之道》这本书里看到。这些是华为在数据治理的顶层设计，能够帮助企业里的所有人统一认知。

更重要的是，它在向每一个人传递一个明确的信号：数据工作对华为来说很重要，数据治理他们是认真的。

除了这些原则政策，华为还成立了一个公司级的数据管理部，代表公司指定数据管理的政策、流程、方法和支撑系统。同时，华为的数据还有一套完整的 IT 系统，所有的数据资产都要在上面登记注册。

这是一个完整的管理体系。有管理的原则、办法，有不同级别的管理组织，还有登记管理，跟一间工厂对生产原材料、生产设备的管理方法差不多。没错，道理是一样的。

数据是一种新的生产要素，是企业的重要资产，那就应该像实物资产一样，有成体系的管理办法，才能为数据治理的高效运行提供保障。

根据华为分享的数据治理经验，有三个治理陷阱几乎是所有企业都会遇到的。

陷阱1：数据不分类

一开始，华为的数据也是很笼统的，但他们逐渐发现，这会严重阻碍数据治理。所以，华为把数据分成结构化数据、非结构化数据，内部数据、外部数据，等等。

企业千万别想着用"一招鲜"的方式去做数据治理，不同的数据，对数据精度的要求不同，治理的成本、方法也就不一样。

例如，企业的主数据是最为重要的一个数据类别，对它的精度要求很高。主数据一旦出错，治理的成本就会高出很多倍。对华为来说，主数据就是客户信息、产品信息，它们会被各个部门经常、反复调用，如果出错了，就会牵连面很广，合同、订单、物流等都会跟着出错，企业的损失就大了。

如何避免这种情况呢？拿公司名称来说，为避免错字、漏字，华为的方法不是输入，而是直接选择。华为是在企业业务系统中接入国家统一社会信用中心平台的，中国所有的注册公司在里面都有确切的名称信息，使用时输入关键字就可以直接勾选，不会出错。

陷阱2："埋头苦干"

很多企业把数据治理当成累活儿、脏活儿，认为是要"放长线钓大鱼"，从头开始慢慢干，先不想收益的事儿。

而华为数据治理的经验是，就要盯着价值干。

华为一开始就盯着业务痛点，哪里问题最大，就从哪里开始。比如，华为在世界各地做生意，各国的行政区划就是一个大痛点，一出错就牵连很多其他系统，可能供应链收发货都会出错。

数据管理部就从这个痛点入手，把全球的行政区划梳理清楚，需要用到的业务部门从统一的地方调用，增强了数据在系统中的一致性，大大提升了一线业务人员的工作效率。

这些看得见的价值，不仅让从事数据治理工作的同事得到正反馈，也让公司其他同事看到了数据治理带来的益处，对华为的数据治理而言，就会形成良性循环。

陷阱 3：宁愿慢一点儿，也要想好了再做

华为之前就出现过，制度没成熟，业务也没有定义清楚，但 IT 冲上去做了开发和系统搭建，结果就是需要花费好几倍的精力去清理数据。所以，一定是想好了，再动手去干，才能做到事半功倍。

● 他山之石：如何正确学习美国运通

本书最后一节，我们专门来拆解美国运通的商业模式。

对于中国信用卡，美国运通是一个标杆，也是一种神奇的存在。都在叫好，但好像都没学会。

如前所述，站在十字路口的中国信用卡行业，面临前所未有的三大挑战：

（1）存量竞争，带来客户体量、账单厚度、贷款余额等规模指标的持续下滑，尚未止跌回稳。

（2）低利率趋势，贷款不断降价，存款越来越贵，利差收窄，现阶段赚钱比以往任何时候都难了。价量齐跌无异于"戴维斯双杀"，单一收入来源，难以突破第二增长曲线。

（3）经济下行，风险攀升，利润大幅下降，通过改善客群结构调优资产结构的方式，短期难以奏效。

带着行业三大痛点，我们有必要沉下心，认真研究美国运通，哪些可以学，哪些学不会，去粗取精，去伪存真，为我所用。

一、相似的资产结构，大相径庭的营收能力

（一）资产结构对比

我们从纽交所整理了美国运通 2019~2022 年年报，其生息资产占比 60% 以上。而中国信用卡行业，生息资产占比在 50% 左右（特别说明：为方便比较，我们假设了一家人民币资产规模与美国运通美元资产相同的信用卡机构，代表中国信用卡行业，生息资产占比为行业平均水平），见表 6-1。

表 6-1　美国运通与中国信用卡资产结构对比

公司	科目	2019/12/31	2020/12/31	2021/12/31	2022/12/31
美国运通 （单位：亿美元）	生息余额（a）	874	734	886	1 080
	交易余额（b）	574	437	536	576
	贷款小计（c=a+b）	1 448	1 171	1 422	1 656
	生息占比（d=a/c）	60%	63%	62%	65%
中国信用卡 （单位：亿人民币）	生息余额（a）	724	586	711	828
	交易余额（b）	724	586	711	828
	贷款小计（c=a+b）	1 448	1 171	1 422	1 656
	生息占比（d=a/c）	50%	50%	50%	50%

注：美国运通数据，来源于纽交所美国运通财报。中国信用卡数据，假设人民币资产规模与美国运通一致，
生息资产占比为行业经验数据。

从传统信用卡经营视角，美国运通与中国信用卡拥有相似的资产组合，生息业务占比在 50%~60% 之间，其余均为纯交易业务。

然而，看似相同的资产结构，背后却有着不一样的盈利能力。

（二）营收结构对比

由于国外、境外独有的高回佣市场环境（回佣率 1%~2%，年化收益率 12%~24%），加上美国运通年费或会员费收入，其生息资产之外 40% 的纯交易业务，有着超越生息业务的盈利能力，且风险更低。

美国运通非利息收入占比营收总额 80%（即八成左右，见表 6-2），利息收入仅占 20%。该部分业务对营收贡献大，风险较低，近似于无风险资产。营收的二八结构，构成了美国运通轻资本、低风险、穿越周期的核心能力。

表 6-2　美国运通资产结构、营收结构

公司	财报模块	科目	2019/12/31	2020/12/31	2021/12/31	2022/12/31
美国运通	资产结构 （单位：亿美元）	生息余额（a）	874	734	886	1 080
		交易余额（b）	574	437	536	576
		贷款小计（c=a+b）	1 448	1 171	1 422	1 656
		生息占比（d=a/c）	60%	63%	62%	65%
	营收结构 （单位：亿美元）	净利息收入（a）	86	80	78	99
		非利息收入（b）	349	281	346	430
		营业总收入（c=a+b）	435	361	424	529
		非利息收入占比（d=a/c）	80%	78%	82%	81%

注：净利息收入，已扣减资金成本。非利息收入，主要为回佣、年费和会员费、其他中收、其他非息收入。

反观中国信用卡（见表 6-3），由于回佣率较低（回佣率 0.38%，年化收益率 4.5%），与资金成本、运营成本基本打平，盈利空间较小。纯交易带来的非息收入，仅占营收总额的不到两成，仍然需要依赖生息业务，作为营收主要贡献。

表 6-3　中国信用卡资产结构、营收结构

公司	财报模块	科目	2019/12/31	2020/12/31	2021/12/31	2022/12/31
中国信用卡	资产结构（单位：亿元）	生息余额（a）	724	586	711	828
		交易余额（b）	724	586	711	828
		贷款小计（c=a+b）	1 448	1 171	1 422	1 656
		生息占比（d=a/c）	50%	50%	50%	50%
	营收结构（单位：亿元）	净利息收入（a）	87	70	85	99
		非利息收入（b）	14	12	14	17
		营业总收入（c=a+b）	101	82	100	116
		非利息收入占比（d=a/c）	14%	14%	14%	14%

注：净利息收入＝生息余额 × 收益率12%（生息利率16%，扣减4%资金成本）。非利息收入，主要为回佣、年费、其他非息收入，计算公式＝交易余额 × 收益率2%（回佣年化收益率4.5%+年费等收益率1.5%- 资金成本4%）。模拟计算，不精准。

相似的资产结构，完全相左营收能力（美国二八与中国八二强烈反差），决定了两种业态不一样战略选择。对于美国运通，做好极致客户体验，提升交易金额，赚取中收，是其核心战略之一。而对于中国信用卡，由于纯交易无收益，寻找资金需求型客户，做资金中介，是过往 20 年的核心打法。

（三）利润结构对比

营收之后，是利润结构。我们按照信贷业务、非信贷业务两大类，对中国信用卡与美国运通利润表进行重新分类调整，可以更好地洞见和对比两者的差异。

通过表 6-4 中国信用卡四年利润表与表 6-5 美国运通模拟利润表的对比分析，我们可以得出 3 个结论。

结论一：美国运通利润来源多元化。

从 2019 年到 2022 年，美国运通非信贷业务及信贷业务，对利润的贡献逐渐趋同，各占半壁江山，利润来源多样。两条腿走路，更稳健，更抗风险。

结论二：中国信用卡利润绝对单一。

中国信用卡利润，主要来源于信贷业务，占比 95% 以上。以纯交易为主的非信贷业务，处在盈亏平衡的边缘，几乎不赚钱。

结论三：美国运通抗风险能力更强。

2020 年，美国运通受到影响。风险上升，信贷损失准备金增加；交易下降，当年回佣收入较大幅度减少，从而使当年税前利润受到冲击。然而，正是凭借其在信贷领域的优良的客群结构及风险控制能力，以及非信贷领域的会员忠诚度，使得其在疫情冲击后，凭借两翼齐飞迅速反弹，并在 2021 年、2022 年保持增长，利润创下新高。

而利润来源过于单一的中国信用卡，一旦信贷业务受到下行周期的冲击，便很难在短时间内恢复，更多地指望大环境复苏带来趋势的改变和拐点的到来。

表 6-4　中国信用卡 2019~2022 利润表（调整版）

科目	2019/12/31	2020/12/31	2021/12/31	2022/12/31
净利息收入小计	87	70	85	99
——利息收入	116	94	114	132
——利息费用	−29	−23	−28	−33
信贷损失准备金	−43	−47	−43	−66
①信贷业务利润合计	43	23	43	33
非利息收入小计	18	15	18	21
——回佣收入（扣除资金成本）	4	3	4	4
——年费及其他中间业务收入	14	12	14	17
非利息费用小计	17	14	17	20
——运营成本（积分、清算、发卡、催收等）	17	14	17	20
②非利息业务利润合计	1	1	1	1
③管理费用	14	12	14	17
税前利润（①＋②−③）	30	12	29	17

表 6-5　美国运通 2019~2022 利润表（模拟版）

科目	2019/12/31	2020/12/31	2021/12/31	2022/12/31
净利息收入小计	86	80	77	99
——利息收入	121	101	90	127
——利息费用	−35	−21	−13	−28
信贷损失准备金	−36	−47	14	−22
①信贷业务利润合计	50	33	91	77
非利息收入小计	349	281	347	429
——回佣收入	262	194	246	307
——年费及会员费	40	47	52	61
——其他中间业务收入	33	27	33	45
——其他非利息收入	14	13	16	16
非利息费用小计	255	213	269	339
——会员奖励费	104	80	110	140
——会员服务费	22	12	20	30
——商务拓展费	——	31	38	49
——市场费用	71	37	53	55
——其他非利息费用	58	53	48	65
②非利息业务利润合计	94	68	78	90
③管理费用	59	57	62	73
税前利润（①＋②－③）	85	44	107	94

注：（1）信贷损失准备金＝贷款余额 × 损失准备金率（2019 年、2021 年设为 3%，2020 年、2022 年设为 4%）；（2）回佣收入＝交易金额 ×（回佣收益率 4.5%－资金成本 4%）；（3）年费 / 其他中收＝贷款余额 × 收益率 1%；（4）运营成本＝贷款余额 × 成本率 1.2%，主要包含积分成本、清算成本、发卡成本、催收成本等；（5）管理费用＝贷款余额 × 管理费用率 1%。

二、美国运通"会员模式"的逻辑推演

如果再进一步分析美国运通的非信贷业务，就能发现藏在业务数据下的商业逻辑。

我们对非信贷业务结构做一个简单的调整，将"年费 / 会员费"从非息收入中单独拎出来，进行重新分类，得到调整后的利润结构（见表 6-6）。

表 6-6　美国运通非信贷业务利润结构分析

科目	2019/12/31	2020/12/31	2021/12/31	2022/12/31
①非利息收入小计	309	234	295	368
——回佣收入	262	194	246	307
——其他中间业务收入	33	27	33	45
——其他非利息收入	14	13	16	16
②非利息费用小计	255	213	269	339
——会员奖励费	104	80	110	140
——会员服务费	22	12	20	30
——商务拓展费	—	31	38	49
——市场费用	71	37	53	55
——其他非利息费用	58	53	48	65
③非利息业务利润（不含会员费）	54	21	26	29
④年费及会员费	40	47	52	61
非利息业务利润合计（③+④）	94	68	78	90
会员费占非息业务利润比例	43%	69%	67%	68%

微调改变世界，这一个小小的改动，足以让我们对美国运通的非信贷业务，有以下新的洞见。

洞见 1：回佣收入，从商户中来，到客户中去，大部分投向会员奖励与会员服务。

以 2022 年为例，运通收到的回佣等非息收入高达 368 亿美元；同时，其在会员奖励、会员服务等方面的投入高达 338 亿美元，仅留存 29 亿美元。

可以理解为，美国运通对回佣收入的留存保持了克制，将大部分都花在了会员奖励和会员服务，以及与此相关的商务拓展。

洞见 2：年费/会员费收入，占比非信贷业务利润 70%。

从表 6-6 可以看到，回佣收入的留存，与会员费收入一道，贡献了非信贷业务全部利润。两者占比接近 7:3，换句话讲，会员费收入，才是非信贷业务利润的主力贡献。

洞见3：美国运通的非信贷业务，本质是"Costco 会员模式"在金融领域的复用。

将洞见 1 和 2 结合起来，我们很容易看到一种逻辑：美国运通将收到的高回佣，大部分投入到为客户提供极致的"美团＋携程"高端服务，从而赢得客户的信赖和忠诚，而真正在年费（会员费）上赚取利润。

这种商业模式，并非美国运通的首创，而是美国零售巨头 Costco 超市的经典模式。

Costco 以质优价廉著称，以贴近成本的价格销售优质商品，把平均毛利率压到 7% 以下。在 Costco 内部有两条硬性规定：一是所有商品的毛利率不得超过 14%，一旦高过这个数字，则需要汇报 CEO，再经董事会批准；二是如果供应商在别的地方的定价比 Costco 还低，那么它的商品将永远不会再出现在 Costco 的货架上。

正是这种做"消费者代言人"的模式，为顾客提供物美价廉质优的商品和服务，使得顾客有着超高的忠诚度，也愿意为这种服务支付会员费。

Costco2022 财年报表显示，售卖商品的毛利约为 36.69 亿美元，会员费约 42.24 亿美元。其中，会员费占比营业收入 77.93 亿美元的 54%，超过商品毛利。

而从利润留存角度，Costco 会员费更是占到了净利润的 72%（年度净利润为 58.44 亿美元）。

美国运通非信贷业务的"会员模式"，与鼻祖 Costco 的会员模式如出一辙。这种模式，有着强大的生命力和飞轮效应，他们都选择做顾客的代言人，克制自己在主业上赚钱的冲动，通过构建强大的供应商体系和商户服务体系，为消费者提供极致的商品和服务，从而赢得他们的信赖和忠诚，长期持续支付会员费，以此形成一条增强回路。

三、十字路口的中国信用卡，如何正确学习美国运通

毫无疑问，存量时代叠加经济下行，中国信用卡已经站在了发展转型的十字路口。面对大洋彼岸的行业优秀标杆，在客观冷静分析的基础上，我们应该有选择地学习借鉴。既不能盲目地完全照搬照学，也不能讳疾忌医地全盘否定。

（一）短期难以学习复制的 2 点

1. 运通的极致服务，背后是其高回佣业务逻辑决定，国内信用卡暂时难以借鉴。

运通极致服务的背后是大量的财务投入，而其独有的高回佣市场环境，给予其强大的底气。刷卡即盈利，意味着只要客户动卡消费，生意就不会亏本。其经营策略就变成，在会员服务、会员奖励上大手笔投入，形成会员忠诚度和粘性，做大客户交易，赚取会员费收入。比如，其全球 4 万客服人员，正式这种商业动力下的产物，也是其构建健康消费、极致服务、借贷综合型金融帝国的一环。

反观国内信用卡，由于回佣低，纯交易无法带来盈利，各家银行缺乏为客户提供极致服务的真正动力，在财务上也不经济。所以只能全力聚焦资金中介业务，做大生息业务，从而造成全行业业务同质单一，价格竞争，客户下沉的局面。

因此，在极致服务方面，我们暂不具备借鉴美国运能的财务能力和市场环境。在金融服务实体，全面减税降费的背景下，提高刷卡回佣率并不现实。而且，一旦提高回佣率，商户会将手续费转嫁给消费者，将大面积影响客户使用信用卡的积极性，对行业发展更加不利。

2. 全线上经营，有其历史背景。

经营层面，美国运通基本实现了全线上运营，拥有 4 万名线上客服人员。美国有悠久的邮箱文化——Email 文化，10 年的移动互联网并没有对其触达手段形成根本性的改变，信息安全的监管及消费者的隐私保护，使得整体线上触达环境相对净化。

在中国，T 端对客户的触达衰减较为严重。同时，由于移动互联网催生泛娱乐化，人们大部分的注意力集中在社交、内容软件，银行的 app 更多是功能性使用，被动触达。

全线上的经营，只是银行从业者们的一厢情愿，还有很长的路要走。

（二）可以学习借鉴的 3 点

1. 高质量发展，调优客群，构建穿越周期的能力。

表 6-7　美国运通信贷业务利润走势

科目	2019/12/31	2020/12/31	2021/12/31	2022/12/31
净利息收入小计	86	80	77	99
——利息收入	121	101	90	127
——利息费用	−35	−21	−13	−28
信贷损失准备金	−36	−47	14	−22
①信贷业务利润合计	50	33	91	77

由表 6-7 中的数据可知，2020 年，美国运通风险上行，信贷业务利润下跌；但其在 2021 年利润迅速恢复，并在 2022 年保持韧劲，得益于其强大的风控能力，以及优质的客群结构。

然而，同样是 2020~2022 三年，中国信用卡却一年不如一年，面对营收利润的双降困局，仍然没有找到突破口。而且，现阶段及未来，部分成熟的银行卡中心极有可能出现首年亏损的局面，举步维艰。

究其原因，客群结构的下沉，在下行周期不具备抗风险能力，是根源所在。从 2002 年信用卡元年以来，中国信用卡一直在上行周期中幸福奔跑，几乎所有从业者都没有经历过行业周期。

改革开放 40 年，工业化、城镇化、城市化、信息化、人口增长，全是利好，也是中国信用卡从 0 到 8.5 亿张的催化剂和根本基石。彼时，增量市场，跑马圈地容易，人们信心爆棚，指标年年增长；18% 的年化利率赚钱也容易，上升通道风险不会暴露，没有人真正想过会有周期，更没有人有未雨绸缪的真正动力。

但，成也萧何败也萧何，那些曾经使你成功的因素，也将成为阻碍你进一步成功的原因。过往 20 年，高利率带来营收利润高增长的同时，也为银行带来了更多的下沉客户。各家银行激烈的竞争，KPI 导向的业绩文化，使得行业准入门槛越来越低，大量高风险客户鱼龙混杂地裹挟进来。

有一个例子，可以以小见大。深圳市中级人民法院在受理一对夫妇的个人破产案件中，丈夫拖欠 11 家银行信用卡欠款共计 150 万元，妻子拖欠 7 家信用卡欠款共计 80 万元。

这些下沉客户，为经济下行的风险暴露，埋下了隐患。一旦周期来临，亏损几乎是必然的。

我们有必要重温韩国信用卡危机的教训，以史为鉴，面向未来。改善客群结构不会使银行一夜暴富，但可以防止他们瞬间崩塌。

往后，容易赚的钱都没有了，大家都得做更难的事情。高利率、高增长的时代注定不可逆，全行业都不得不注重客户的质量，以及一个客户的综合价值。只有将客户结构不断调优，这个行业才有稳健的底气，也才有穿越周期的能力，也就不至于一"降温"就"病倒"，甚至"卧病"不起。

2. 攻坚中间业务收入，突破收入来源单一和信贷收入下降的困局。

不管你愿不愿意，承不承认，低利率、低息差是不可逆的必然趋势，中国信用卡即使有能力让生息规模不断逆势增长，在价量平衡的作用下，营收顶多能和过去打个平手。而且，信用卡单一的资金中介模式，同质竞争严重，抗周期能力弱，在存量时代已经撞上了增长的边界墙。

全行业必须突围，运通营收利润的多元化模式的学习，是摆在中国信用卡行业从业者面前的必答题，而非选择题。

多元化收入增长点，包括年费突破、权益售卖、境外消费、其他中间业务收入等。喊口号容易，落地很艰难。没有一条路容易走，但大家必须折腾。

收取年费越来越难，虚权益实收费的模式已经走不通。权益售卖，性价比凭什么挑战携程、美团、大众、滴滴等涵盖衣食住行玩的平台？境外消费占比太小，如何做出规模？这些都是横在我们面前的难题。

怎么办？我想只能慢慢摸索，去试错，去折腾。

短期，以开放姿态与互联网平台深度共创。将银行的权益能力与大平台用户洞察及触达能力整合，探索中间业务收入增长之路。

每家银行卡中心都有单个亮眼产品权益，比如航班延误险、机场接送、机场贵宾厅、高尔夫练习场，这是银行的强项。但这些好产品、好权益却总是叫好不叫座，主要依靠销售队伍面对面的推荐，不精准也不起量，洞察和触达客户是银行的弱势。但这个能力，却是互联网平台的强项，他们对客户的洞察维度及成千上万的标签，以及数据交互的实时性和自学习能力，银行难以企及。

将这两种差异化能力组合在一起，是一个不错的尝试。不是客户不愿意付费，是我们没有能力找到为之付费的客户。

实际上，这个案例在现实中已经存在。已经有银行和腾讯深度合作，推出商旅类型年费卡，首批试点效果超出预期，是一个不错的突破。

中长期，还是要自建服务能力或平台能力。

要想有多样化收入来源，在中长期，银行必须构建属于自己的服务能力和平台能力。

我们经常听到"平台式增长""平台式发展"这样的词汇，大多数仅限于口号。实际上，我们的身体是诚实的，我们在忙于短期 KPI 的达成。

罗马不是一天建成的。美国运通的高端服务体系，以及招商银行掌上生活的开放平台，是长期坚持的结果，是一种称得上"平台"或者"能力"的中长期"护城河"。

很多时候，我们学习别人，都学错了阶段。学习一家成功的企业，不是学习它的今天，而是应该学习它岌岌无名的当年。

比如招行的掌上生活，我们只看到它成为金融业的"大众点评"，而没有看见它花了多少年形成了现在的系统能力，坚持了多少年，投入了多少人，去发展自己的合作商户体系。我们只羡慕它今天无所不在的餐票、影票和品牌溢价能力，而没有看到它从封闭走向开放的无数次迭代。今天的掌上生活，其他银行很难学会。

甚至，有些银行扬言要正面硬刚招行的餐饮生态。至少，他们不理解餐饮生态是正态分布还是幂律分布，不敬畏打造餐饮生态所需要的人力、物力、财力。

但是，招行并没有独占所有的生态，服务客户的生态和体系有很多，我们仍然有机会。

比如，学习借鉴运通高端客群"会员制"模式，构建中高端客户的产品体系、服务商体系、触达体系，做真做实高端服务中间商，不赚服务差价，而在会员费或年费上获得收入。与运通不同的是，中国的银行通过信用卡服务高端客户的同时，还可以变体：向资产端输出高净值客户，向养老产业、向家族传承输送客户，成为真正的高端客户服务提供商，形成真正的差异化竞争优势。

《创新者的窘境》一书提到，完美的管理导致大企业走向失败。正是由于我们急功近利地追求短期目标的达成，满足于上行周期的趋势红利，使我们延误了锻造和布局下行周期所需要的模式和能力。

高速增长阶段，组织可能容不下长期主义者；新常态，必须要有长期主义者。

3. 借贷经营，重新构建客户级价值评价体系。

在高速增长阶段，信用卡中心是一家银行营收利润的贡献大户。那个阶段，一条产品线撑起一片天。但是在低速行进的新常态下，当单个信用卡客户贡献乏力的时候，借贷两端共同经营，就成了必然的选择。

银行的客户级价值贡献评价体系，需要重构。比如，一个客户在信用卡产品上不赚钱，但通过信用卡的投入和持续活跃，能够带来存款、理财的贡献，综合贡献价值比较高，那就值得经营。

通过这样的方式，我们可以打破银行内部职能部门的壁垒，从一个客户的综合需求出发，通过多产品的组合经营和多价值的联合评价，构建客户级经营体系，不失为增长突破的一个切入口。

过去，我们把"在阳光灿烂的日子修屋顶"当作口号；如今，屋顶已经开始漏雨，房子开始进水，我们必须立即采取措施，爬上房顶，冒雨抢修，对冲风雨带来的影响。

后　记

谁主沉浮

人无远虑，必有近忧！对于信用卡行业而言，可能既有近忧，也有远虑。

存量时代已经确定，业务增长乏力，获客成本急剧上升，客户活跃连连下跌，行业同质化竞争极其严重，获取年轻客群力不从心，生息资产占比逐年下降……这些都是横在从业者面前的巨大挑战。

"银行业务必不可少，但未必都通过银行进行"。十年移动互联网浪潮，将信用卡从塑胶卡片推向移动入口，使坐拥亿万流量的互联网巨头们，成为信用卡，乃至整个零售银行最强劲的对手。

虽然监管已经出手管控信用支付产品，但目前并未完全叫停。"两条两呗"等产品依然势头强劲，凭借互联网技术的天然基因，这些产品的客户体验和独特场景优势已完全超越信用卡。

无论如何，提升效率和打造第二增长曲线，是行业突围绕不过去的两大核心挑战。以微众银行为例，自2014年成立以来，在不设任何分支机构且仅有2 000名员工的情况下，累计获取2亿多个人客户和130万中小企业客户。每个客户的服务成本仅为50美分，是普通银行的1/30。通过出色的技术能力和平台能力，在零售金融效率上，完胜普通银行。同时，我们也看到，一些其他同行，致力于为客户提供增值服务，创造可持续的中间业务收入。以此绕开资产负债表，寻找行业第二增长曲线。

存量时代，并没有宣判信用卡行业的"死刑"。我们欣喜地看到，2021年、2022年和2023年整个行业的新获客数、交易金额、应收账款及风险指标，都有一些好转。针对客户持续活跃，一些信用卡中心，在探索客户权益和市场活动方面，找到了一些新模式，也取得了单点的突破。在提升中间业务收入方面，一些银行也在努力探索，方向清晰明确……

悲观者正确，乐观者前行！

那些行业曾经的拓荒者们，用了近20年的努力，推动中国信用卡行业走向巅峰，成就了属于他们那一代的辉煌。

而接棒的新生代从业者们，也一定能够凭借他们的经营智慧，带领行业走出困局，重现黄金一代的荣光！